LIGAMUNDO

GEOGRAFIA

ANSELMO LAZARO BRANCO
Licenciado em Geografia pelas Faculdades Associadas Ipiranga (FAI)
Professor em escolas particulares

ANA PAULA PICCOLI
Bacharel em Letras pela Universidade de São Paulo (USP)
Professora em escolas particulares

1º ano

Ensino Fundamental • Anos Iniciais

Editora Saraiva
São Paulo – 1ª edição – 2018

Editora Saraiva

Direção geral: Guilherme Luz
Direção editorial: Luiz Tonolli e Renata Mascarenhas
Gestão de projeto editorial: Tatiany Renó
Gestão e coordenação de área: Wagner Nicaretta e Brunna Paulussi (Ciências Humanas)
Edição: Maria Luisa Nacca, Raquel Maygton Vicentini e Simone de Souza Poiani
Gerência de produção editorial: Ricardo de Gan Braga
Planejamento e controle de produção: Paula Godo, Roseli Said e Marcos Toledo
Colaboração para desenvolvimento da seção *Conectando saberes*: Mauro César Brosso e Suzana Obara
Revisão: Hélia de Jesus Gonsaga (ger.), Kátia Scaff Marques (coord.), Rosângela Muricy (coord.), Ana Paula C. Malfa, Claudia Virgilio, Daniela Lima, Gabriela M. Andrade, Heloísa Schiavo, Hires Heglan, Lilian M. Kumai, Marília Lima, Patricia Cordeiro, Ricardo Miyake, Rita de Cássia C. Queiroz, Vanessa P. Santos; Amanda Teixeira Silva e Bárbara de Melo Genereze (estagiárias)
Arte: Daniela Amaral (ger.), Claudio Faustino (coord.), Felipe Consales (edição de arte)
Diagramação: Arte Ação
Iconografia: Sílvio Kligin (ger.), Denise Durand Kremer (coord.), Daniel Cymbalista (pesquisa iconográfica)
Licenciamento de conteúdos de terceiros: Thiago Fontana (coord.), Angra Marques (licenciamento de textos), Erika Ramires e Claudia Rodrigues (analistas adm.)
Tratamento de imagem: Cesar Wolf, Fernanda Crevin
Ilustrações: Hagaquezart Estúdio
Design: Gláucia Correa Koller (ger.), Erika Tiemi Yamauchi Asato (capa e proj. gráfico) e Talita Guedes da Silva (capa)
Foto de capa: Kite_rin/Shutterstock
Ilustração de capa: Ideário Lab

Avenida das Nações Unidas, 7221, 1º andar, Setor A – Espaço 2 – Pinheiros – SP – CEP 05425-902
SAC 0800 011 7875
www.editorasaraiva.com.br

Dados Internacionais de Catalogação na Publicação (CIP)
(Câmara Brasileira do Livro, SP, Brasil)

Branco, Anselmo Lazaro
Ligamundo : geografia 1º ano / Anselmo Lazaro Branco, Ana Paula Piccoli. -- 1. ed. -- São Paulo : Saraiva, 2018.

Suplementado pelo manual do professor.
Bibliografia.
ISBN 978-85-472-3431-7 (aluno)
ISBN 978-85-472-3432-4 (professor)

1. Geografia (Ensino fundamental) I. Piccoli, Ana Paula. II. Título.

18-16301 CDD-372.891

Índices para catálogo sistemático:
1. Geografia : Ensino fundamental 372.891
Maria Alice Ferreira - Bibliotecária - CRB-8/7964

2022
Código da obra CL 800661
CAE 627963 (AL) / 627964 (PR)
1ª edição
7ª impressão

Impressão e acabamento Gráfica Elyon

Uma publicação SOMOS EDUCAÇÃO

APRESENTAÇÃO

CARO ALUNO,

VOCÊ JÁ NOTOU COMO AS CRIANÇAS MENORES QUE VOCÊ PERGUNTAM "POR QUÊ" MUITAS VEZES? "POR QUE ISSO? POR QUE AQUILO? POR QUE É ASSIM?"

APESAR DE VOCÊ JÁ ESTAR MAIOR, CONTINUA QUERENDO DESCOBRIR MUITAS COISAS, NÃO?

COMO É O ESPAÇO AO SEU REDOR E COMO SÃO OUTROS MAIS DISTANTES? POR QUE AS PESSOAS SÃO DIFERENTES? SERÁ QUE ELAS VIVEM DO MESMO JEITO? DE ONDE VÊM OS PRODUTOS QUE USAMOS E COMO ELES SÃO FEITOS? POR QUE DIZEM QUE O MUNDO ESTÁ INTERLIGADO? POR QUE HÁ TANTOS PROBLEMAS COM A NATUREZA?

SÃO PERGUNTAS QUE JÁ DEVEM TER PASSADO PELA SUA CABEÇA.

ESTE LIVRO DE GEOGRAFIA É PARA CRIANÇAS COMO VOCÊ: CURIOSAS E CRIATIVAS. AO UTILIZÁ-LO, COM A ORIENTAÇÃO DO PROFESSOR E TROCANDO IDEIAS COM OS COLEGAS, VOCÊ SERÁ CAPAZ DE RESPONDER A MUITAS PERGUNTAS E DESCOBRIR MUITAS COISAS.

ESPERAMOS COM ISSO AJUDÁ-LO A COMPREENDER O MUNDO QUE O CERCA E A PARTICIPAR DELE.

UM EXCELENTE ANO COM MUITAS DESCOBERTAS E REALIZAÇÕES PARA VOCÊ!

OS AUTORES

CONHEÇA SEU LIVRO

ESTE LIVRO ESTÁ DIVIDIDO EM QUATRO UNIDADES.

ABERTURA DE UNIDADE

NESTA SEÇÃO VOCÊ CONHECERÁ O QUE VAI APRENDER AO LONGO DA UNIDADE, ALÉM DE CONVERSAR COM OS COLEGAS SOBRE O QUE JÁ SABEM A RESPEITO DOS TEMAS QUE SERÃO ESTUDADOS, A PARTIR DA LEITURA DE IMAGENS.

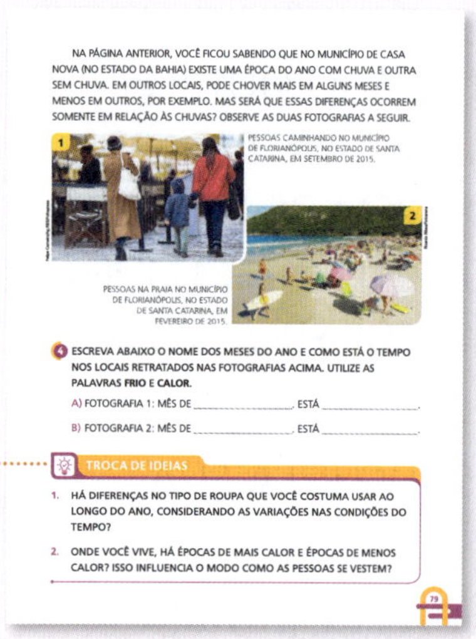

VAMOS FALAR SOBRE...

NESTA SEÇÃO VOCÊ CONVERSARÁ COM OS COLEGAS SOBRE ATITUDES E VALORES IMPORTANTES PARA A SUA FORMAÇÃO COMO CIDADÃO.

TROCA DE IDEIAS

NESTA SEÇÃO SERÃO PROPOSTAS PERGUNTAS PARA VOCÊ REFLETIR COM OS COLEGAS, LEVANDO EM CONSIDERAÇÃO SUA VIVÊNCIA, SEU CONHECIMENTO E SUA OPINIÃO SOBRE ALGUNS DOS TEMAS ESTUDADOS.

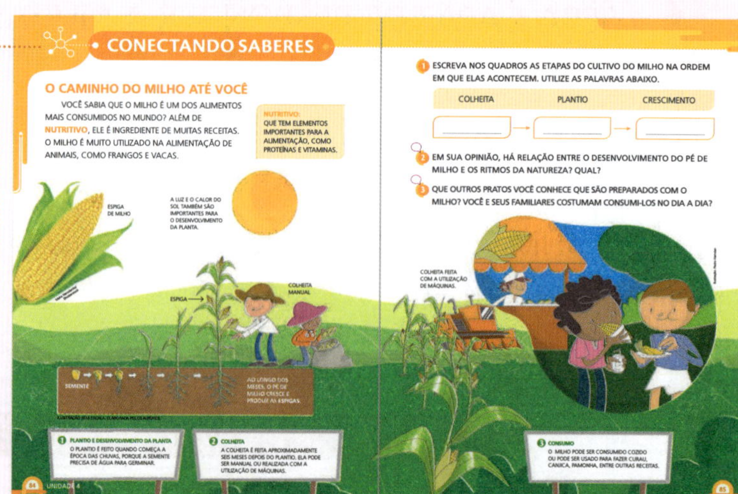

CONECTANDO SABERES

NESTA SEÇÃO VOCÊ RELACIONARÁ UM TEMA IMPORTANTE DA UNIDADE A OUTRAS ÁREAS DO CONHECIMENTO E A NOÇÕES DE CIDADANIA.

AMPLIAR HORIZONTES

NESTA SEÇÃO VOCÊ AMPLIARÁ SEUS CONHECIMENTOS SOBRE ALGUNS DOS TEMAS TRATADOS.

GLOSSÁRIO

AQUI VOCÊ VAI ENCONTRAR O SIGNIFICADO DAS PALAVRAS DESTACADAS NO TEXTO.

VAMOS RETOMAR

NESTA SEÇÃO VOCÊ ENCONTRARÁ ATIVIDADES PARA RETOMAR ALGUNS TEMAS ESTUDADOS NA UNIDADE.

REPRESENTAR O MUNDO

NESTA SEÇÃO SERÃO TRABALHADOS CONCEITOS E HABILIDADES IMPORTANTES PARA VOCÊ APRENDER A LINGUAGEM DA CARTOGRAFIA.

AUTOAVALIAÇÃO

NESTA SEÇÃO VOCÊ VAI VERIFICAR O QUE APRENDEU NA UNIDADE E REFLETIR SOBRE O QUE PRECISA MELHORAR.

SUGESTÕES

NESTA SEÇÃO HÁ INDICAÇÃO DE LIVROS, *SITES*, FILMES E VÍDEOS PARA VOCÊ COMPLEMENTAR SEU ESTUDO.

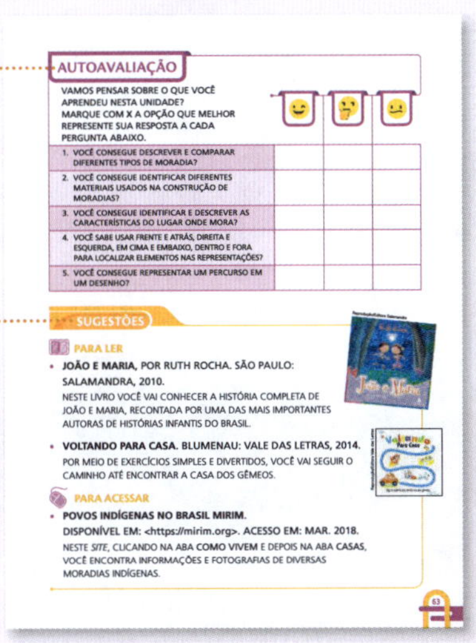

ÍCONES QUE INDICAM COMO REALIZAR AS ATIVIDADES:

- ORAL
- EM DUPLA
- EM GRUPO
- NO CADERNO

SUMÁRIO

Hagaquezart Estúdio/Arquivo da editora

Hagaquezart Estúdio/Arquivo da editora

UNIDADE

1 COMO É BOM BRINCAR!

NESTA UNIDADE VOCÊ VAI:

- IDENTIFICAR DIFERENTES TIPOS DE BRINCADEIRA EXISTENTES NO BRASIL.
- CONHECER AS REGRAS DESSAS BRINCADEIRAS.
- IDENTIFICAR SEMELHANÇAS E DIFERENÇAS ENTRE BRINCADEIRAS DO PASSADO E DO PRESENTE.
- RECONHECER QUE RUAS, PARQUES E PRAÇAS PODEM SER UTILIZADOS PARA DIVERSAS ATIVIDADES.
- DESCREVER TIPOS DE TRABALHO REALIZADOS EM PRAÇAS, PARQUES E RUAS.

1. QUEM É O AUTOR DA PINTURA AO LADO? QUAL É O TÍTULO DA PINTURA?
2. O QUE AS CRIANÇAS QUE APARECEM NA PINTURA ESTÃO FAZENDO?
3. ONDE AS CRIANÇAS ESTÃO?
4. VOCÊ JÁ BRINCOU COMO AS CRIANÇAS RETRATADAS NA PINTURA? ONDE?

VÁRIAS BRINCADEIRAS II, DE IVAN CRUZ, 2006 (ACRÍLICO SOBRE TELA, DE 130 cm × 170 cm). DETALHE.

Ludmila Guerra/Acervo da fotógrafa

DIFERENTES BRINCADEIRAS

NO BRASIL, ASSIM COMO EM OUTROS PAÍSES, AS CRIANÇAS SE DIVERTEM COM VÁRIAS BRINCADEIRAS. VAMOS CONHECER ALGUMAS?

NOME DA BRINCADEIRA: CURUPIRA

ONDE É COMUM: **REGIÃO NORTE** DO BRASIL.

COMO SE BRINCA: AS CRIANÇAS FAZEM UMA RODA, E UMA DELAS FICA NO CENTRO COM OS OLHOS VENDADOS. ELA É O CURUPIRA. O CURUPIRA FAZ PEDIDOS DE OBJETOS ÀS OUTRAS CRIANÇAS. SE NINGUÉM TIVER O QUE FOI PEDIDO, O CURUPIRA TIRA A VENDA E CORRE ATRÁS DOS COLEGAS. QUEM FOR PEGO VIRA CURUPIRA NA PRÓXIMA RODADA.

REGIÃO NORTE: COMPREENDE OS ESTADOS DO ACRE, AMAPÁ, AMAZONAS, PARÁ, RORAIMA, RONDÔNIA E TOCANTINS.

Hagaquezart Estúdio/Arquivo da editora

1 VOCÊ CONHECIA ESSA BRINCADEIRA? POR QUE SERÁ QUE ELA SE CHAMA CURUPIRA?

NOME DA BRINCADEIRA: LARANJAS MADURAS

ONDE É COMUM: **REGIÃO SUDESTE** DO BRASIL.

COMO SE BRINCA: AS CRIANÇAS FAZEM UMA RODA E CANTAM A SEGUINTE CANÇÃO: "VERDES, TÃO LINDAS, LARANJAS MADURAS, DE QUE COR SÃO ELAS? ELAS SÃO VERDE-AMARELAS. VIRA (DIZER O NOME DE UMA CRIANÇA DA RODA) DE COSTAS PARA ELA". AS CRIANÇAS CONTINUAM CANTANDO ATÉ TODOS TEREM VIRADO DE COSTAS PARA O CENTRO DA RODA. POR FIM, MUDA-SE A ÚLTIMA PARTE DA CANÇÃO PARA: "DESVIRA TODO MUNDO DE FRENTE PARA ELA", E TODOS VIRAM JUNTOS PARA DENTRO DA RODA.

REGIÃO SUDESTE: COMPREENDE OS ESTADOS DO ESPÍRITO SANTO, RIO DE JANEIRO, SÃO PAULO E MINAS GERAIS.

Hagaquezart Estúdio/Arquivo da editora

2 POR QUE VOCÊ ACHA QUE ESSA BRINCADEIRA SE CHAMA LARANJAS MADURAS? VOCÊ DARIA OUTRO NOME PARA ESSA BRINCADEIRA? QUAL?

NOME DA BRINCADEIRA: CORRE CUTIA

ONDE É COMUM: **REGIÃO CENTRO-OESTE** DO BRASIL.

REGIÃO CENTRO-OESTE: COMPREENDE OS ESTADOS DE GOIÁS, MATO GROSSO E MATO GROSSO DO SUL, ALÉM DO DISTRITO FEDERAL.

COMO SE BRINCA: AS CRIANÇAS SE SENTAM NO CHÃO, FORMANDO UMA RODA. UMA DELAS PEGA UM LENÇO E CORRE POR FORA DA RODA, ENQUANTO AS OUTRAS CANTAM: "CORRE, CUTIA, DE NOITE, DE DIA, COMENDO FARINHA, NA CASA DA TIA. CORRE CIPÓ, NA CASA DA VÓ. LENCINHO NA MÃO, CAIU NO CHÃO. MOÇA BONITA DO MEU CORAÇÃO".

A CRIANÇA QUE ESTÁ CORRENDO PERGUNTA: "POSSO JOGAR?". TODAS RESPONDEM: "PODE!". ELA DIZ: "NINGUÉM VAI OLHAR?". E TODAS RESPONDEM: "NÃO!". NESSE MOMENTO, A CRIANÇA JOGA O LENÇO ATRÁS DE UMA DAS CRIANÇAS DA RODA. A CRIANÇA QUE ESTÁ COM O LENÇO ATRÁS DELA SE LEVANTA, PEGA O LENÇO E TENTA PEGAR A OUTRA, QUE CORRE PARA SE SENTAR NO LUGAR DA CRIANÇA QUE SE LEVANTOU.

Hagaquezart Estúdio/Arquivo da editora

3 **VOCÊ CONHECE OUTROS VERSOS PARA A BRINCADEIRA CORRE CUTIA? SE CONHECE, CONTE AOS COLEGAS E AO PROFESSOR.**

NOME DA BRINCADEIRA: SETE PECADOS

ONDE É COMUM: REGIÃO NORDESTE DO BRASIL.

REGIÃO NORDESTE: COMPREENDE OS ESTADOS DE ALAGOAS, BAHIA, CEARÁ, MARANHÃO, PARAÍBA, PERNAMBUCO, PIAUÍ, RIO GRANDE DO NORTE E SERGIPE.

COMO SE BRINCA: UMA CRIANÇA SEGURA A BOLA E FICA NO CENTRO DE UMA RODA FORMADA PELOS OUTROS JOGADORES. A CRIANÇA JOGA A BOLA PARA CIMA, DIZENDO O NOME DE UM COLEGA. A CRIANÇA CHAMADA CORRE PARA PEGAR A BOLA, ENQUANTO AS OUTRAS SE DISTANCIAM AO MÁXIMO DELA. ASSIM QUE PEGA A BOLA, A CRIANÇA DIZ "PARA!", E TODAS PARAM. COM A BOLA NA MÃO, A CRIANÇA DÁ SETE PASSOS PARA SE APROXIMAR DE UM DOS COLEGAS. ENTÃO, JOGA A BOLA NELE. SE A CRIANÇA PEGAR A BOLA, QUEM JOGOU PERDE. SE A CRIANÇA NÃO PEGAR A BOLA, QUEM JOGOU GANHA.

Hagaquezart Estúdio/Arquivo da editora

4 SE VOCÊ ESTIVESSE BRINCANDO DE SETE PECADOS E PEGASSE A BOLA, O QUE VOCÊ FARIA: MIRARIA NA PESSOA QUE ESTIVESSE MAIS PERTO E DARIA PASSOS BEM CURTOS ATÉ CHEGAR A ELA? OU MIRARIA NA PESSOA QUE ESTIVESSE MAIS LONGE, DANDO PASSOS BEM LARGOS ATÉ CHEGAR MAIS PERTO DELA?

NOME DA BRINCADEIRA: GATO E RATO

ONDE É COMUM: **REGIÃO SUL** DO BRASIL.

COMO SE BRINCA: UMA CRIANÇA É O GATO. A OUTRA É O RATO. AS OUTRAS CRIANÇAS DÃO AS MÃOS E FORMAM UMA RODA, QUE SERÁ A TOCA DO RATO. O GATO E O RATO BRINCAM DE PEGA-PEGA FORA DA RODA. O GATO CORRE ATRÁS DO RATO, QUE PODE ENTRAR NA TOCA PARA SE PROTEGER. O GATO NÃO PODE ENTRAR NA TOCA, MAS PODE TENTAR PEGAR O RATO PELO LADO DE FORA. AS CRIANÇAS QUE FORMAM A RODA TENTAM PROTEGER O RATO, LEVANTANDO OS BRAÇOS OU FECHANDO AS PERNAS.

REGIÃO SUL: COMPREENDE OS ESTADOS DO PARANÁ, RIO GRANDE DO SUL E SANTA CATARINA.

Hagaquezart Estúdio/Arquivo da editora

5 **SE VOCÊ FOSSE O GATO NA BRINCADEIRA ACIMA, O QUE VOCÊ FARIA PARA ALCANÇAR O RATO QUANDO ELE SE PROTEGE NA TOCA?**

6 **LIGUE CADA REGIÃO À BRINCADEIRA CORRESPONDENTE:**

REGIÃO NORTE	LARANJAS MADURAS
REGIÃO NORDESTE	CURUPIRA
REGIÃO SUL	GATO E RATO
REGIÃO SUDESTE	CORRE CUTIA
REGIÃO CENTRO-OESTE	SETE PECADOS

7 AO LER AS PÁGINAS ANTERIORES, VOCÊ CONHECEU DIFERENTES BRINCADEIRAS.

A) QUAIS DESSAS BRINCADEIRAS VOCÊ CONHECE? DE QUAIS VOCÊ BRINCA?

B) VOCÊ BRINCA EXATAMENTE COMO FOI EXPLICADO OU FAZ DE UM JEITO DIFERENTE? POR QUE SERÁ QUE EXISTEM ESSAS DIFERENÇAS? CONVERSE COM OS COLEGAS E O PROFESSOR.

ACESSE

POVOS INDÍGENAS NO BRASIL MIRIM – BRINCADEIRAS

8 DESENHE A SUA BRINCADEIRA FAVORITA NO QUADRO ABAIXO.

Banco de imagem/Arquivo da editora

9 AGORA, CONTE AOS COLEGAS E AO PROFESSOR O NOME DA SUA BRINCADEIRA FAVORITA. OUÇA A DOS COLEGAS. O PROFESSOR VAI ESCREVER O NOME DELAS NA LOUSA. DEPOIS, ANOTE O NOME DAS BRINCADEIRAS NAS LINHAS ABAIXO.

....

....

....

....

VAMOS FALAR SOBRE...

BRINCAR SEM SE MACHUCAR

BRINCAR É MUITO DIVERTIDO. MAS É PRECISO TOMAR ALGUNS CUIDADOS PARA NÃO SE MACHUCAR NEM MACHUCAR OS COLEGAS. OBSERVE AS SITUAÇÕES ILUSTRADAS ABAIXO.

Hagaquezart Estúdio/Arquivo da editora

Hagaquezart Estúdio/Arquivo da editora

1. EM SUA OPINIÃO, AS CRIANÇAS DAS ILUSTRAÇÕES CORREM O RISCO DE SE MACHUCAR? POR QUÊ?
2. CONTE AOS COLEGAS E AO PROFESSOR QUE CONSELHOS VOCÊ DARIA ÀS CRIANÇAS DAS ILUSTRAÇÕES PARA ELAS BRINCAREM COM SEGURANÇA.

REGRAS PARA BRINCAR

PARA QUE A BRINCADEIRA EM GRUPO SEJA DIVERTIDA, É PRECISO QUE TODOS SE RESPEITEM. PRESTE ATENÇÃO NA LEITURA QUE O PROFESSOR FARÁ DO POEMA A SEGUIR.

A BONECA

DEIXANDO A BOLA E A PETECA,
COM QUE INDA HÁ POUCO BRINCAVAM,
POR CAUSA DE UMA BONECA,
DUAS MENINAS BRIGAVAM.

Hagaquezart Estúdio/Arquivo da editora

DIZIA A PRIMEIRA: "É MINHA!"
— "É MINHA!" A OUTRA GRITAVA;
E NENHUMA SE CONTINHA,
NEM A BONECA LARGAVA.

QUEM MAIS SOFRIA (COITADA!)
ERA A BONECA. JÁ TINHA
TODA A ROUPA ESTRAÇALHADA,
E AMARROTADA A CARINHA.

TANTO PUXARAM POR ELA,
QUE A POBRE RASGOU-SE AO MEIO,
PERDENDO A ESTOPA AMARELA
QUE LHE FORMAVA O RECHEIO.

E, AO FIM DE TANTA FADIGA,
VOLTANDO À BOLA E À PETECA,
AMBAS, POR CAUSA DA BRIGA,
FICARAM SEM A BONECA...

OLAVO BILAC. **A BONECA**. DISPONÍVEL EM: <www.ouvirmusica.com.br>. ACESSO EM: MAR. 2018.

1 **VOCÊ CONCORDA COM A ATITUDE DAS MENINAS DO POEMA? EXPLIQUE.**

BRINCADEIRAS DO PASSADO E DO PRESENTE

SERÁ QUE AS BRINCADEIRAS DE HOJE SÃO IGUAIS ÀS DE ANTIGAMENTE? ACOMPANHE A LEITURA QUE SEU PROFESSOR FARÁ DO DEPOIMENTO DE LUIZ.

[...] QUANDO CRIANÇA, BRINCÁVAMOS MUITO NA RUA E A PREOCUPAÇÃO ERA MENOR. EXCETO QUANDO NOS MACHUCÁVAMOS. BONS TEMPOS! ALÉM DE JOGAR BOLA, ESCONDE-ESCONDE, ENTRE OUTRAS BRINCADEIRAS SAUDÁVEIS, TÍNHAMOS CRIATIVIDADE. UMA DESSAS BRINCADEIRAS CRIATIVAS ERA A DE DESENHAR, NA RUA, CARROS DE CORRIDA COM GIZ, IMITAR O RONCO DO MOTOR, IMAGINAR QUE ESTAVA NUMA CORRIDA [...].

Hagaquezart Estúdio/Arquivo da editora

LUIZ CARLOS RODRIGUES. BRINCADEIRAS DE QUANDO EU ERA CRIANÇA. **ACESSA SÃO PAULO**. DISPONÍVEL EM: <www.acessasp.sp.gov>. ACESSO EM: MAR. 2018.

1 **CIRCULE NO TEXTO AS BRINCADEIRAS DE QUE LUIZ BRINCAVA QUANDO CRIANÇA.**

2 **VOCÊ BRINCA DESSAS MESMAS BRINCADEIRAS? ESCREVA:**

A) SIM, EU BRINCO DE: ....

B) NÃO, EU NÃO BRINCO DE: ....

3 **DE ACORDO COM O TEXTO, ONDE LUIZ BRINCAVA?** ....

4 **VOCÊ COSTUMA BRINCAR NA RUA, COMO LUIZ BRINCAVA? CONVERSE COM OS COLEGAS E O PROFESSOR SOBRE ISSO.**

ENTREVISTA: BRINCADEIRAS DE ANTIGAMENTE

OBJETIVO: CONHECER UMA BRINCADEIRA ANTIGA.

MATERIAL NECESSÁRIO: SEU LIVRO, LÁPIS E BORRACHA.

PLANEJAMENTO: COMBINE COM SEUS AVÓS, OU COM UMA PESSOA MAIS VELHA DA SUA FAMÍLIA, UM DIA PARA REALIZAR A ENTREVISTA.

DURANTE A ENTREVISTA: LEIA AS PERGUNTAS ABAIXO PARA O SEU ENTREVISTADO E ANOTE AS RESPOSTAS DELE. SE NECESSÁRIO, PEÇA AJUDA PARA ESCREVER AS RESPOSTAS.

1. QUAL É O SEU NOME? ....

2. QUANTOS ANOS VOCÊ TEM? ....

3. QUAL ERA A SUA BRINCADEIRA FAVORITA QUANDO ERA CRIANÇA?

....

4. COMO ERA ESSA BRINCADEIRA?

....

....

5. ONDE VOCÊ COSTUMAVA BRINCAR?

....

6. COM QUEM VOCÊ BRINCAVA?

....

7. ESSA BRINCADEIRA É PRATICADA NOS DIAS DE HOJE? ASSINALE COM **X**.

☐ SIM ☐ NÃO ☐ NÃO SEI

8. CONTE ALGUMA CURIOSIDADE SOBRE AS BRINCADEIRAS DA ÉPOCA EM QUE VOCÊ ERA CRIANÇA.

....

....

PARA FINALIZAR: CONTE O QUE DESCOBRIU AOS COLEGAS E AO PROFESSOR.

ESPAÇOS DE BRINCAR E DE TRABALHAR

AS BRINCADEIRAS PODEM OCORRER EM DIVERSOS ESPAÇOS, COMO O QUARTO, O QUINTAL DE CASA E A ÁREA COMUM DO CONDOMÍNIO. MAS TAMBÉM PODEM OCORRER NAS RUAS, NAS PRAÇAS E NOS PARQUES.

OBSERVE AS FOTOGRAFIAS.

G. Evangelista/Opção Brasil Imagens

CRIANÇAS BRINCANDO NA CALÇADA NO MUNICÍPIO DO RIO DE JANEIRO, NO ESTADO DO RIO DE JANEIRO, EM 2014.

Inacio Teixeira/Pulsar Imagens

CRIANÇAS BRINCANDO NA PRAÇA NO MUNICÍPIO DE BOM JESUS DA SERRA, NO ESTADO DA BAHIA, EM 2014.

Luciana Whitaker/Pulsar Imagens

CRIANÇAS BRINCANDO NO PARQUE NO MUNICÍPIO DE PORTO ALEGRE, NO ESTADO DO RIO GRANDE DO SUL, EM 2016.

1 **ALÉM DAS BRINCADEIRAS, QUE OUTRAS ATIVIDADES VOCÊ ACHA QUE OCORREM NAS RUAS, NAS PRAÇAS E NOS PARQUES? ESCREVA ABAIXO.**

RUAS, PARQUES E PRAÇAS PODEM SER UTILIZADOS PARA OUTRAS ATIVIDADES, ALÉM DAS BRINCADEIRAS. ELES SÃO ESPAÇOS QUE PODEM SER FREQUENTADOS POR TODAS AS PESSOAS.

2 **ESCREVA QUAIS ATIVIDADES VOCÊ OBSERVA EM CADA UMA DAS FOTOGRAFIAS ABAIXO.**

Rogerio Reis/Tyba

HOMENS A CAVALO EM RUA DO MUNICÍPIO DE PIRENÓPOLIS DURANTE A FESTA DE FOLIA DE REIS, NO ESTADO DE GOIÁS, EM 2015.

ATIVIDADE: ....

....

Cassandra Cury/Pulsar Imagens

INDÍGENAS NO PARQUE DOS PODERES EM MANIFESTAÇÃO PARA EXIGIR SEUS DIREITOS, NO MUNICÍPIO DE CAMPO GRANDE, NO ESTADO DE MATO GROSSO DO SUL, EM 2015.

ATIVIDADE: ....

....

Rubens Chaves/Pulsar Imagens

PESSOAS FAZENDO CAMINHADA EM PARQUE NO MUNICÍPIO DE MANAUS, NO ESTADO DO AMAZONAS, EM 2014.

ATIVIDADE: ....

....

Luciana Whitaker/Pulsar Imagens

VENDEDORES EM RUA DO MUNICÍPIO DE ALTAMIRA, NO ESTADO DO PARÁ, EM 2017.

ATIVIDADE: ....

....

OS TRABALHOS REALIZADOS NAS RUAS

ALÉM DO TRABALHO DE VENDEDOR, QUE VOCÊ OBSERVOU EM UMA DAS FOTOGRAFIAS DA PÁGINA ANTERIOR, MUITOS OUTROS TRABALHOS SÃO REALIZADOS EM RUAS, PRAÇAS E PARQUES.

ALGUNS DESSES TRABALHOS TÊM COMO OBJETIVO DIVERTIR AS PESSOAS. VEJA DOIS EXEMPLOS A SEGUIR.

PALHAÇO POR PROFISSÃO

[...] ALÉM DE ANIMAÇÃO DE FESTAS E EVENTOS, O PALHAÇO BIXIGA BATE PONTO TODOS OS DIAS NA RUA 14 DE JULHO [EM CAMPO GRANDE, MATO GROSSO DO SUL] ONDE BRINCA COM AS CRIANÇAS QUE PASSAM POR LÁ E VENDE ESCULTURAS EM BALÕES. "A FUNÇÃO DO PALHAÇO É LEVAR ALEGRIA. [...]"

ANAHI ZURUFUZA. PALHAÇO POR PROFISSÃO DEFENDE FAZER RIR E DIZ QUE AMENDRONTAR NÃO TEM GRAÇA. **CAMPO GRANDE NEWS**. 16 OUT. 2016. DISPONÍVEL EM: <www.campograndenews.com.br>. ACESSO EM: MAR. 2018.

Reprodução/Acervo pessoal

PALHAÇO BIXIGA TRABALHANDO NA RUA NO MUNICÍPIO DE CAMPO GRANDE, NO ESTADO DE MATO GROSSO DO SUL, EM 2015.

ATORES NA RUA

O FESTIVAL INTERNACIONAL DE TEATRO DE RUA DE PORTO ALEGRE FOI CRIADO EM 2009 [...] E, DESDE SUA PRIMEIRA EDIÇÃO, ALCANÇOU GRANDE SUCESSO DE PÚBLICO E DE CRÍTICA. O EVENTO REÚNE APROXIMADAMENTE 90 MIL PESSOAS, OFERECENDO AO PÚBLICO DIVERSIDADE DE LINGUAGENS TEATRAIS DE RUA. [...]

Joel Vargas/PMPA

ENCENAÇÃO DURANTE O 6º FESTIVAL INTERNACIONAL DE TEATRO DE RUA NO MUNICÍPIO DE PORTO ALEGRE, NO ESTADO DO RIO GRANDE DO SUL, EM 2014.

PAULO EGÍDIO. **FESTIVAL DE TEATRO DE RUA É INCLUÍDO NO CALENDÁRIO OFICIAL DE PORTO ALEGRE**. CÂMARA MUNICIPAL DE PORTO ALEGRE. 4 MAIO 2017. DISPONÍVEL EM: <http://camarapoa.rs.gov.br>. ACESSO EM: MAR. 2018.

1 QUAIS TRABALHOS FORAM APRESENTADOS NOS DOIS EXEMPLOS?

....

2 VOCÊ JÁ VIU ESSES PROFISSIONAIS NAS RUAS DO LUGAR ONDE VIVE?

☐ SIM ☐ NÃO

- SE SIM, QUAIS? ....

3 QUE OUTROS PROFISSIONAIS TRABALHAM NAS RUAS DO LUGAR ONDE VOCÊ VIVE?

TROCA DE IDEIAS

- VOCÊ ACHA IMPORTANTE O TRABALHO DESSAS PESSOAS? POR QUÊ? CONVERSE COM OS COLEGAS E O PROFESSOR.

BRINCAR FAZ BEM À SAÚDE

QUANDO BRINCAMOS, FAZEMOS AMIGOS E PASSAMOS MOMENTOS PRAZEROSOS. MAS VOCÊ SABIA QUE BRINCAR TAMBÉM FAZ BEM À SAÚDE?

LEIA O TRECHO DESTA CANÇÃO.

PULA CORDA

[...]

DE TODAS AS BRINCADEIRAS QUE EU GOSTO
A MELHOR É PULAR CORDA (É PULAR CORDA)
FAZ BEM À SAÚDE
MOVIMENTA O CORPO [...]

TREM DA ALEGRIA. **PULA CORDA**. DISPONÍVEL EM: <www.letras.mus.br>. ACESSO EM: MAR. 2018.

Hagaquezart Estúdio/Arquivo da editora

A CANÇÃO AFIRMA QUE PULAR CORDA FAZ BEM À SAÚDE. VOCÊ SABE POR QUÊ? CONHEÇA ALGUNS BENEFÍCIOS DESSA BRINCADEIRA.

- **RESISTÊNCIA**: DAR UM, DOIS, TRÊS PULOS PODE SER FÁCIL. MAS PULAR CORDA POR MAIS TEMPO É UM BOM EXERCÍCIO DE RESISTÊNCIA, QUE FAZ BEM AO CORPO EM GERAL, PRINCIPALMENTE AO CORAÇÃO.
- **COORDENAÇÃO**: PARA PULAR CORDA, VOCÊ PRECISA MEXER PERNAS E BRAÇOS DE MODO SINCRONIZADO, EVITANDO ESBARRAR NA CORDA. ISSO AJUDA NA COORDENAÇÃO MOTORA.
- **EQUILÍBRIO**: PULAR CORDA SEM PERDER O RITMO AJUDA A MELHORAR OS REFLEXOS E O EQUILÍBRIO.
- **DIVERSÃO**: VOCÊ PODE BRINCAR SOZINHO OU EM GRUPO E CERTAMENTE VAI SE DIVERTIR BASTANTE, O QUE FAZ MUITO BEM À SAÚDE.

Banco de imagens/Arquivo da editora

1 VOCÊ GOSTA DE PULAR CORDA OU DE OUTRA BRINCADEIRA QUE EXERCITE O CORPO? CONTE AOS COLEGAS E AO PROFESSOR.

2 COMPLETE A CRUZADINHA COM O NOME DAS BRINCADEIRAS DO QUADRO ABAIXO.

CORRIDA	JOGO DA MEMÓRIA	AMARELINHA	XADREZ

A JOGO QUE DESENVOLVE O RACIOCÍNIO E A CONCENTRAÇÃO.

B BRINCADEIRA QUE DESENVOLVE O EQUILÍBRIO.

C JOGO QUE ESTIMULA A MEMÓRIA.

D BRINCADEIRA QUE AJUDA A MANTER UMA BOA FORMA FÍSICA.

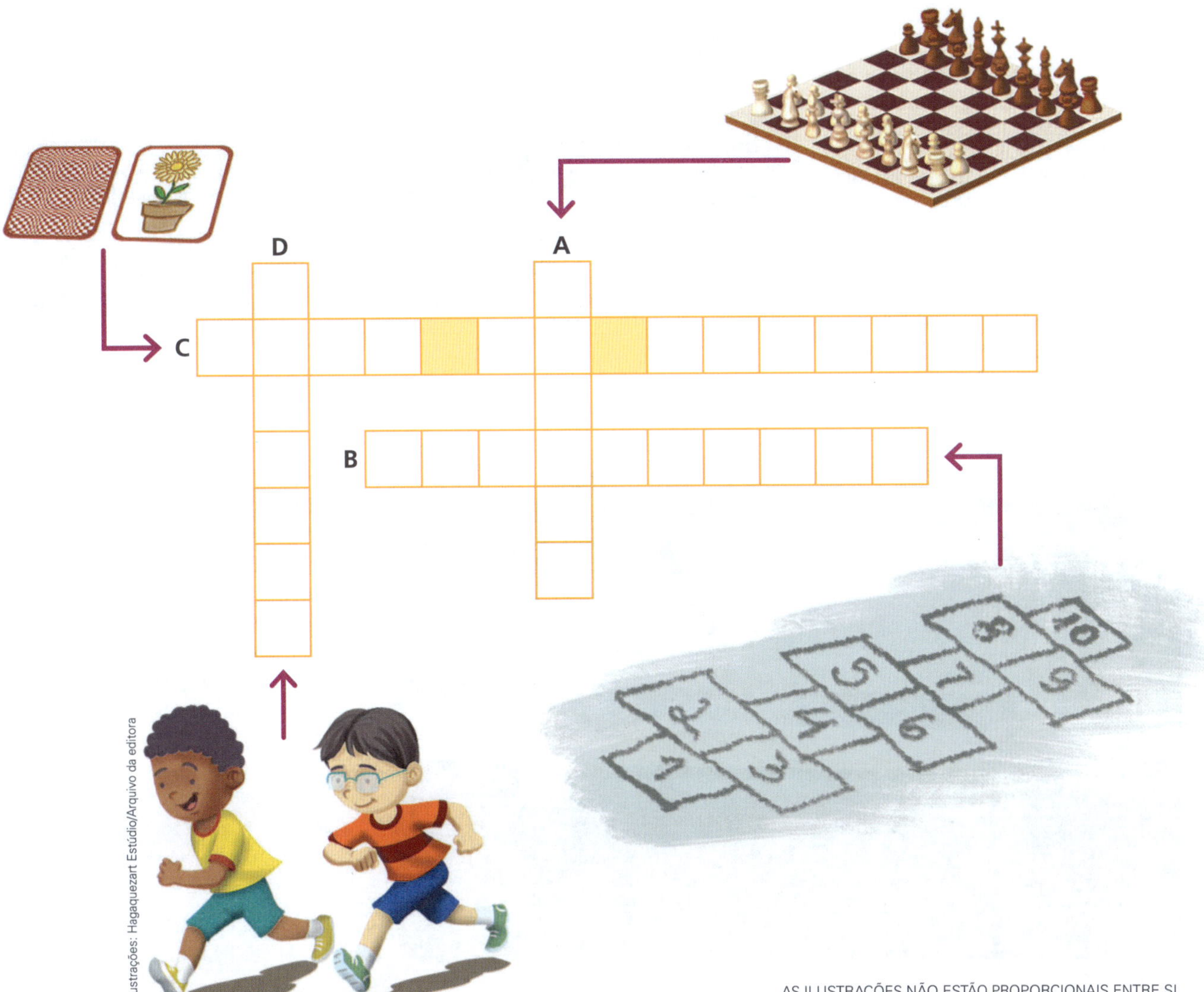

Ilustrações: Hagaquezart Estúdio/Arquivo da editora

AS ILUSTRAÇÕES NÃO ESTÃO PROPORCIONAIS ENTRE SI.

AMPLIAR HORIZONTES

MAIS BRINCADEIRAS AO REDOR DO BRASIL

NESTA UNIDADE, VOCÊ CONHECEU ALGUMAS BRINCADEIRAS, MAS EXISTEM VÁRIAS OUTRAS. ESSAS BRINCADEIRAS REVELAM, ENTRE OUTROS ASPECTOS, O MODO DE VIDA DAS PESSOAS. CONHEÇA ALGUMAS DELAS.

LEIA

BUCALA, A PEQUENA PRINCESA DO QUILOMBO DO CABULA

AS **COMUNIDADES CAIÇARAS** ESTÃO PRESENTES SOBRETUDO NO LITORAL DOS ESTADOS DO PARANÁ, DE SÃO PAULO E DO RIO DE JANEIRO. AS CRIANÇAS DESSAS COMUNIDADES COSTUMAM BRINCAR NAS ÁGUAS DO MAR, COMO É POSSÍVEL OBSERVAR NESTAS FOTOGRAFIAS DA COMUNIDADE DA ARMAÇÃO DAS BALEIAS, NO MUNICÍPIO DE GUARUJÁ, NO ESTADO DE SÃO PAULO, EM 2014.

Ze Zuppani/Pulsar Imagens

CRIANÇAS CAIÇARAS BRINCANDO DE ATIRAR PEDRA NA ÁGUA.

Ze Zuppani/Pulsar Imagens

CRIANÇAS CAIÇARAS BRINCANDO EM CANOA.

COMUNIDADE CAIÇARA: FORMADA PRINCIPALMENTE POR DESCENDENTES DE INDÍGENAS E PORTUGUESES; TEM COMO PRINCIPAL ATIVIDADE DE TRABALHO, HÁ MUITO TEMPO, A PESCA NO MAR.

FAROFA COM TANAJURAS.

NA **COMUNIDADE QUILOMBOLA** DE SÃO CRISTÓVÃO, NO MUNICÍPIO DE SÃO MATEUS, NO ESTADO DO ESPÍRITO SANTO, AS CRIANÇAS SE DIVERTEM CAÇANDO TANAJURAS, UM TIPO DE FORMIGA (VEJA A FOTOGRAFIA ABAIXO). DEPOIS DA DIVERSÃO, OS ADULTOS PREPARAM UMA FAROFA COM AS TANAJURAS, MISTURANDO FARINHA DE MANDIOCA. FOTOGRAFIAS DE 2010.

COMUNIDADE QUILOMBOLA: FORMADA POR DESCENDENTES DE PESSOAS QUE VIERAM DA ÁFRICA E FORAM ESCRAVIZADAS.

UMA DAS BRINCADEIRAS DO POVO INDÍGENA KALAPALO, QUE VIVE NO PARQUE INDÍGENA DO XINGU, NO ESTADO DE MATO GROSSO, É A TOLOI KUNHUGU. NELA, UMA CRIANÇA É O GAVIÃO E AS OUTRAS SÃO OS PASSARINHOS. OS PASSARINHOS PROVOCAM O GAVIÃO, QUE TENTA PEGÁ-LOS. UMA ÁRVORE COM MUITOS GALHOS, DESENHADA NA AREIA, SERVE DE PROTEÇÃO AOS PASSARINHOS, QUE CORREM PARA ELA QUANDO PRECISAM DESCANSAR. FOTOGRAFIA DE 2006.

CRIANÇAS INDÍGENAS DO POVO KALAPALO BRINCANDO DE TOLOI KUNHUGU.

1 ESCREVA ABAIXO O NOME DA BRINCADEIRA QUE VOCÊ ACHOU MAIS INTERESSANTE E DIVERTIDA. EXPLIQUE AOS COLEGAS O MOTIVO.

....

2 ESCREVA ABAIXO O NOME DE UMA BRINCADEIRA TÍPICA DO LUGAR ONDE VOCÊ MORA. DEPOIS, EXPLIQUE AOS COLEGAS E AO PROFESSOR COMO SE BRINCA.

....

VAMOS RETOMAR

1 LEIA ABAIXO O TRECHO DE UMA LETRA DE CANÇÃO.

AMARELINHA

GOSTO DE PULAR A AMARELINHA COM VOCÊ
MEU BEM, QUE BOM
NO CÉU EU VOU ENTRAR...
GOSTO DE CANTAR A AMARELINHA, SÓ PORQUE
COMEÇA COM O VERBO AMAR. [...]

AUREA CHARPINEL. **AMARELINHA**. DISPONÍVEL EM: <www.overmundo.com.br>. ACESSO EM: MAR. 2018.

A) PINTE DE **AMARELO** O NOME DA BRINCADEIRA QUE APARECE NA CANÇÃO.

B) CIRCULE, NO NOME DA BRINCADEIRA, A PALAVRA AMAR.

C) VOCÊ JÁ BRINCOU DE AMARELINHA? SE NÃO, CONVERSE COM ALGUM COLEGA QUE JÁ TENHA BRINCADO PARA SABER:

- QUANTAS PESSOAS SÃO NECESSÁRIAS PARA BRINCAR DE AMARELINHA.
- QUAIS SÃO AS REGRAS DESSA BRINCADEIRA.

2 VOCÊ APRENDEU QUE BRINCAR FAZ BEM À SAÚDE. QUE TAL CONSTRUIR O PRÓPRIO BRINQUEDO? ASSIM VOCÊ EXERCITA A MENTE E O CORPO!

CONSTRUINDO UM BAMBOLÊ

Hagaquezart Estúdio/Arquivo da editora

MATERIAL NECESSÁRIO

- 1 METRO DE MANGUEIRA
- FITA-CREPE OU FITA ISOLANTE

COMO FAZER

- JUNTE AS DUAS PONTAS DA MANGUEIRA FORMANDO UM ARO.
- UNA AS DUAS PONTAS, USANDO A FITA-CREPE OU A FITA ISOLANTE.

AGORA É SÓ BRINCAR E SE DIVERTIR!

AUTOAVALIAÇÃO

VAMOS PENSAR SOBRE O QUE VOCÊ APRENDEU NESTA UNIDADE?
MARQUE COM **X** A OPÇÃO QUE MELHOR REPRESENTE SUA RESPOSTA A CADA PERGUNTA ABAIXO.

1. VOCÊ IDENTIFICA DIFERENTES TIPOS DE BRINCADEIRA NO BRASIL?			
2. VOCÊ CONHECE AS REGRAS DESSAS BRINCADEIRAS?			
3. VOCÊ IDENTIFICA SEMELHANÇAS E DIFERENÇAS ENTRE AS BRINCADEIRAS DO PASSADO E AS DO PRESENTE?			
4. VOCÊ RECONHECE QUE RUAS, PARQUES E PRAÇAS PODEM SER USADOS PARA DIFERENTES ATIVIDADES?			
5. VOCÊ CONSEGUE DESCREVER OS TIPOS DE TRABALHO REALIZADOS EM PRAÇAS, PARQUES E RUAS?			

SUGESTÕES

PARA LER

Reprodução/Editora Uirapuru

- **BUCALA, A PEQUENA PRINCESA DO QUILOMBO DO CABULA,** DE DAVI NUNES. SÃO PAULO: UIRAPURU, 2015.
  NESTE LIVRO VOCÊ VAI CONHECER A MENINA BUCALA, QUE, POR MEIO DE BRINCADEIRAS E CONVERSAS COM OS MAIS VELHOS, VAI DESCOBRINDO A HISTÓRIA E OS COSTUMES DE SEU POVO.

PARA ACESSAR

- **POVOS INDÍGENAS NO BRASIL MIRIM.** DISPONÍVEL EM: <https://mirim.org>. ACESSO EM: MAR. 2018.
  CLICANDO NA ABA **COMO VIVEM** E DEPOIS NA ABA **BRINCADEIRAS** DESTE *SITE*, VOCÊ CONHECE VÁRIAS BRINCADEIRAS DE DIFERENTES POVOS INDÍGENAS DO BRASIL.

UNIDADE

2 ESTAMOS NA ESCOLA

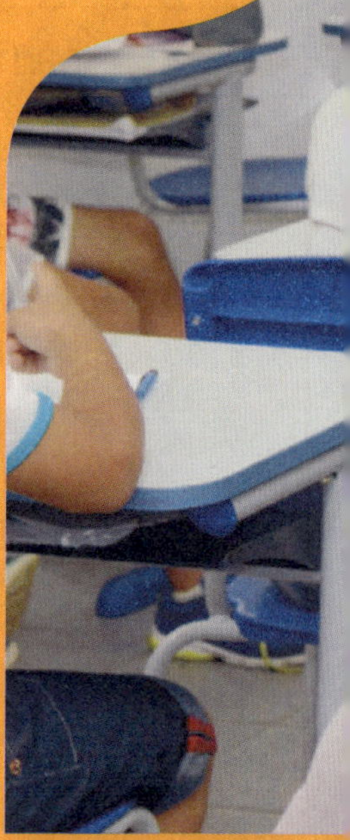

NESTA UNIDADE VOCÊ VAI:

- IDENTIFICAR AS DEPENDÊNCIAS DA ESCOLA.
- DESCREVER CARACTERÍSTICAS DE SEUS LUGARES DE VIVÊNCIA, RECONHECENDO SEMELHANÇAS E DIFERENÇAS ENTRE ELES E OS LUGARES DE VIVÊNCIA DOS COLEGAS.
- DESCREVER ATIVIDADES DE TRABALHO NA ESCOLA.
- DISCUTIR E ELABORAR REGRAS DE CONVÍVIO NA ESCOLA.
- RECONHECER O QUE É FRENTE, ATRÁS, ESQUERDA, DIREITA, DENTRO, FORA, EM CIMA E EMBAIXO.

1. O QUE VOCÊ OBSERVA EM CADA FOTOGRAFIA?
2. NA ESCOLA EM QUE VOCÊ ESTUDA EXISTEM ESPAÇOS COMO OS QUE VOCÊ OBSERVA NAS FOTOGRAFIAS? O QUE VOCÊ FAZ NELES?
3. QUAIS OUTROS ESPAÇOS EXISTEM NA ESCOLA EM QUE VOCÊ ESTUDA?
4. EM SUA OPINIÃO, POR QUE ALGUNS ALUNOS QUE APARECEM NA FOTOGRAFIA 1 ESTÃO COM O BRAÇO LEVANTADO? VOCÊ ACHA IMPORTANTE ESSA ATITUDE?

1. ALUNOS E PROFESSORA DE ESCOLA PÚBLICA NO MUNICÍPIO DE SUMARÉ, NO ESTADO DE SÃO PAULO, EM 2014.
2. ALUNOS E PROFESSORA DE ESCOLA PÚBLICA NO MUNICÍPIO DO RIO DE JANEIRO, NO ESTADO DO RIO DE JANEIRO, EM 2015.

1

João Prudente/Pulsar Imagens

2

Luciana Whitaker/Pulsar Imagens

NA SALA DE AULA

LEIA
A ESCOLA DO MARCELO

A SALA DE AULA É UMA DAS DEPENDÊNCIAS DA ESCOLA. REVEJA A FOTOGRAFIA DA SALA DE AULA DA PÁGINA 31. NELA, AS CARTEIRAS ESTÃO ORGANIZADAS EM FILEIRAS. AGORA, VEJA COMO ESTÃO ORGANIZADAS AS CARTEIRAS NAS DUAS SALAS DE AULA RETRATADAS A SEGUIR.

Gentil Barreira/Arquivo da editora

SALA DE AULA DE ESCOLA PÚBLICA NO MUNICÍPIO DE FORTALEZA, NO ESTADO DO CEARÁ, EM 2017.

Delfim Martins/Pulsar Imagens

SALA DE AULA DE ESCOLA PÚBLICA NO MUNICÍPIO DE FLORESTA, NO ESTADO DE PERNAMBUCO, EM 2016.

1 **COMO AS CARTEIRAS DA SALA DE AULA EM QUE VOCÊ ESTUDA COSTUMAM FICAR ORGANIZADAS? FAÇA UM DESENHO NO ESPAÇO ABAIXO.**

Banco de imagem/Arquivo da editora

O QUE HÁ NA SALA DE AULA?

VOCÊ JÁ REPAROU QUE NA SALA DE AULA EM QUE VOCÊ ESTUDA EXISTEM DIVERSOS OBJETOS? VEJA A SALA DE AULA DA FOTOGRAFIA A SEGUIR.

João Prudente/Pulsar Imagens

SALA DE AULA EM ESCOLA PÚBLICA NO MUNICÍPIO DE PANCAS, NO ESTADO DO ESPÍRITO SANTO, EM 2015.

OBSERVE NA FOTOGRAFIA ACIMA OS SEGUINTES OBJETOS:

CARTEIRA   CADEIRA   LOUSA

2 **AGORA, ENCONTRE NO DIAGRAMA O NOME DOS OBJETOS QUE VOCÊ OBSERVOU.**

O	C	E	M	T	P	O	S	A
C	A	R	T	E	I	R	A	R
I	D	E	M	O	R	E	R	L
R	E	A	D	E	I	D	U	O
A	I	U	S	A	T	E	S	U
L	R	C	A	D	F	E	R	S
S	A	I	S	M	R	E	I	A

Hagaquezart Estúdio/Arquivo da editora

AS ILUSTRAÇÕES NÃO ESTÃO PROPORCIONAIS ENTRE SI.

NA SALA DE AULA VOCÊ REALIZA DIVERSAS ATIVIDADES, NÃO É MESMO?

3 **ASSINALE COM X O QUE VOCÊ FAZ QUANDO ESTÁ NA SALA DE AULA:**

- [ ] ESCUTO AS EXPLICAÇÕES DO PROFESSOR.
- [ ] ESCREVO.
- [ ] DESENHO.
- [ ] FAÇO ATIVIDADES EM GRUPO.
- [ ] FAÇO ATIVIDADES EM DUPLA.

4 **AGORA, OBSERVE A ILUSTRAÇÃO A SEGUIR.**

Hagaquezart Estúdio/Arquivo da editora

- DE ACORDO COM A ILUSTRAÇÃO, ASSINALE COM **X** A RESPOSTA CORRETA.

A) LUCAS ESCREVE COM A MÃO:

- [ ] DIREITA.
- [ ] ESQUERDA.

B) MARIANA ESCREVE COM A MÃO:

- [ ] DIREITA.
- [ ] ESQUERDA.

5 VOCÊ ESCREVE COM A MÃO DIREITA OU COM A MÃO ESQUERDA?

....

AS PESSOAS QUE ESCREVEM COM A MÃO DIREITA SÃO CHAMADAS **DESTRAS**. AS PESSOAS QUE ESCREVEM COM A MÃO ESQUERDA SÃO CHAMADAS **CANHOTAS**.

6 VOCÊ É DESTRO OU CANHOTO? ESCREVA ABAIXO.

EU SOU ....

7 OBSERVE A ILUSTRAÇÃO ABAIXO.

Hagaquezart Estúdio/Arquivo da editora

A) O QUE ESTÁ DENTRO DO ESTOJO NA ILUSTRAÇÃO ACIMA? ASSINALE COM **X**.

☐ BORRACHA ☐ APONTADOR

B) E O QUE ESTÁ FORA DO ESTOJO, EM CIMA DA CARTEIRA? ASSINALE COM **X**.

☐ BORRACHA ☐ APONTADOR

OUTRAS DEPENDÊNCIAS DA ESCOLA

ALÉM DA SALA DE AULA, QUE OUTRAS DEPENDÊNCIAS EXISTEM NA ESCOLA? OBSERVE AS FOTOGRAFIAS A SEGUIR.

1

Luis Salvatore/Pulsar Imagens

ESCOLA NO MUNICÍPIO DE TRACUATEUA, NO ESTADO DO PARÁ, EM 2014.

2

Pei Fon/Secom

ESCOLA NO MUNICÍPIO DE MACEIÓ, NO ESTADO DE ALAGOAS, EM 2016.

3

Fernando Favoretto/Criar Imagem

ESCOLA NO MUNICÍPIO DE SÃO PAULO, NO ESTADO DE SÃO PAULO, EM 2015.

4

Delfim Martins/Pulsar Imagens

ESCOLA NO MUNICÍPIO DE TUCUMÃ, NO ESTADO DO PARÁ, EM 2016.

1 ESCREVA O NÚMERO DA FOTOGRAFIA DA PÁGINA ANTERIOR QUE REPRESENTA CADA DEPENDÊNCIA DA ESCOLA.

- [ ] SECRETARIA
- [ ] BANHEIRO
- [ ] BIBLIOTECA
- [ ] PÁTIO

2 ALÉM DAS DEPENDÊNCIAS OBSERVADAS NAS FOTOGRAFIAS, NA ESCOLA EM QUE VOCÊ ESTUDA EXISTEM OUTRAS? QUAIS? ESCREVA ABAIXO.

....

....

3 DESENHE NO ESPAÇO ABAIXO A DEPENDÊNCIA DA ESCOLA QUE VOCÊ MAIS GOSTA DE FREQUENTAR. DESENHE O QUE VOCÊ COSTUMA FAZER NELA.

QUEM TRABALHA NA ESCOLA

PARA UMA ESCOLA FUNCIONAR SÃO NECESSÁRIAS VÁRIAS DEPENDÊNCIAS, COMO AS QUE VOCÊ CONHECEU NAS PÁGINAS ANTERIORES. ALÉM DAS DEPENDÊNCIAS, DE QUE MAIS UMA ESCOLA PRECISA?

OBSERVE AS FOTOGRAFIAS.

Fernando Favoretto/Criar Imagem

ESCOLA NO MUNICÍPIO DE SÃO PAULO, NO ESTADO DE SÃO PAULO, EM 2015.

G. Evangelista/Opção Brasil Imagens

ESCOLA NO MUNICÍPIO DO RIO DE JANEIRO, NO ESTADO DO RIO DE JANEIRO, EM 2014.

Gentil Barreira/Arquivo da editora

ESCOLA NO MUNICÍPIO DE FORTALEZA, NO ESTADO DO CEARÁ, EM 2017.

Eduardo Zappia/Pulsar Imagens

ESCOLA NO MUNICÍPIO DE LENÇÓIS, NO ESTADO DA BAHIA, EM 2014.

Gerson Gerloff/Pulsar Imagens

ESCOLA NO MUNICÍPIO DE SÃO MIGUEL DAS MISSÕES, NO ESTADO DO RIO GRANDE DO SUL, EM 2016.

1 PRESTE ATENÇÃO NA LEITURA QUE O PROFESSOR FARÁ DAS FRASES ABAIXO. DEPOIS, ESCREVA O NÚMERO DA FOTOGRAFIA QUE RETRATA A ATIVIDADE DE TRABALHO DE CADA FUNCIONÁRIA DA ESCOLA.

- [ ] A **DIRETORA** É RESPONSÁVEL PELO COMANDO DE TODA A ESCOLA.
- [ ] A **BIBLIOTECÁRIA** É RESPONSÁVEL PELA ORGANIZAÇÃO DOS LIVROS NA BIBLIOTECA DA ESCOLA.
- [ ] A **MERENDEIRA** É RESPONSÁVEL PELA PREPARAÇÃO DA MERENDA DA ESCOLA.
- [ ] A **FAXINEIRA** É RESPONSÁVEL PELA LIMPEZA DAS DEPENDÊNCIAS DA ESCOLA.
- [ ] A **PROFESSORA** É RESPONSÁVEL PELAS AULAS NA ESCOLA.

TROCA DE IDEIAS

1. QUE OUTROS FUNCIONÁRIOS EXISTEM NA ESCOLA EM QUE VOCÊ ESTUDA? VOCÊ SABE O QUE ELES FAZEM?
2. EM SUA OPINIÃO, QUAL É A IMPORTÂNCIA DOS TRABALHADORES EM UMA ESCOLA?

ESCOLAS DIFERENTES

ASSIM COMO EXISTEM SALAS DE AULA DIFERENTES, HÁ TAMBÉM ESCOLAS DIFERENTES. OBSERVE AS FOTOGRAFIAS.

1

VL/Wikimedia Commons

ESCOLA PÚBLICA NO MUNICÍPIO DE CORONEL FABRICIANO, NO ESTADO DE MINAS GERAIS, EM 2015.

2

João Prudente/Pulsar Imagens

ESCOLA NO MUNICÍPIO DE VITÓRIA DA CONQUISTA, NO ESTADO DA BAHIA, EM 2016.

1 ASSINALE COM **X** A RESPOSTA CORRETA DE CADA QUESTÃO.

A) EM QUAL FOTOGRAFIA É POSSÍVEL VER O MURO E A FACHADA DA ESCOLA?

☐ NA FOTOGRAFIA 1 ☐ NA FOTOGRAFIA 2

B) EM QUAL FOTOGRAFIA É POSSÍVEL VER O TELHADO DA ESCOLA?

☐ NA FOTOGRAFIA 1 ☐ NA FOTOGRAFIA 2

AGORA, OBSERVE AS FOTOGRAFIAS DESTAS OUTRAS ESCOLAS.

1

Ivan Cardoso/Fotoarena

ESCOLA PÚBLICA NO MUNICÍPIO DE BELÉM, NO ESTADO DO PARÁ, EM 2017.

2

G. Evangelista/Opção Brasil Imagens

ESCOLA PÚBLICA NO MUNICÍPIO DE ANCHIETA, NO ESTADO DO ESPÍRITO SANTO, EM 2014.

3

Diego Herculano/Folhapress

ESCOLA PÚBLICA NO MUNICÍPIO DE SÃO JOÃO, NO ESTADO DE PERNAMBUCO, EM 2016.

2 **COMO É A ESCOLA EM QUE VOCÊ ESTUDA? ELA SE PARECE COM ALGUMA ESCOLA RETRATADA NESTA PÁGINA? QUAL?**

O CONVÍVIO NA ESCOLA

NA ESCOLA VOCÊ CONVIVE COM OUTRAS CRIANÇAS E COM OS ADULTOS QUE TRABALHAM NELA. PARA QUE ESSA CONVIVÊNCIA SEJA BOA É PRECISO HAVER RESPEITO ENTRE TODOS. LEIA O CARTAZ DA ILUSTRAÇÃO ABAIXO.

Hagaquezart Estúdio/Arquivo da editora

1 VOCÊ ACHA AS PALAVRAS DO CARTAZ IMPORTANTES? POR QUÊ?

2 VOCÊ COSTUMA UTILIZAR ESSAS PALAVRAS NA ESCOLA? EM QUAIS SITUAÇÕES?

....

3 COMPLETE O CARTAZ COM MAIS UMA PALAVRA QUE VOCÊ CONSIDERA IMPORTANTE.

AGORA, OBSERVE A ILUSTRAÇÃO SEGUINTE.

Hagaquezart Estúdio/Arquivo da editora

4 EM SUA OPINIÃO, É IMPORTANTE AS CRIANÇAS SE ORGANIZAREM EM FILA PARA PEGAR A MERENDA, COMO MOSTRA A ILUSTRAÇÃO? POR QUÊ?

5 VOCÊ E OS COLEGAS COSTUMAM SE ORGANIZAR DESSA MANEIRA? PARA QUÊ?

VAMOS FALAR SOBRE...

AS REGRAS NA SALA DE AULA

QUE TAL CRIAR UM CARTAZ COM ALGUMAS REGRAS DE BOA CONVIVÊNCIA NA SALA DE AULA?

1. EM GRUPOS, CONVERSEM SOBRE QUAIS REGRAS VOCÊS ACHAM IMPORTANTES PARA A BOA CONVIVÊNCIA NA SALA DE AULA.
2. ANOTEM AS REGRAS NO CADERNO.
3. DEPOIS, CONTEM AO PROFESSOR E AOS OUTROS COLEGAS QUAIS REGRAS VOCÊS ANOTARAM. VERIFIQUEM O QUE OS COLEGAS ACHAM DAS REGRAS APONTADAS POR VOCÊS.
4. COM A AJUDA DO PROFESSOR E DOS COLEGAS, ELABOREM UM CARTAZ COM AS REGRAS QUE TODOS ACHAM IMPORTANTES. O CARTAZ PODERÁ FICAR EXPOSTO NO MURAL DA SALA DE AULA PARA QUE TODOS SE LEMBREM DAS REGRAS DE BOA CONVIVÊNCIA COMBINADAS.

ONDE ESTÃO OS ELEMENTOS?

OBSERVE A ILUSTRAÇÃO A SEGUIR.

1 QUAL DEPENDÊNCIA DA ESCOLA A ILUSTRAÇÃO ACIMA REPRESENTA?

....

2 A FOLHA COM O DESENHO DE UMA BOLA ESTÁ PENDURADA DO LADO DIREITO DA LOUSA. PINTE O DESENHO DE AMARELO.

LEIA
TÔ DENTRO, TÔ FORA...

3 AGORA, PINTE DE **VERMELHO** O DESENHO QUE ESTÁ NA FOLHA PENDURADA DO OUTRO LADO DA LOUSA. O QUE ESTÁ DESENHADO NELA?

....

4 PINTE DE **AZUL** O OBJETO QUE ESTÁ EM CIMA DA MESA DO PROFESSOR. QUAL É O NOME DESSE OBJETO?

....

5 PINTE DE **VERDE** O OBJETO QUE ESTÁ EMBAIXO DA MESA DO PROFESSOR. ESCREVA O NOME DESSE OBJETO.

....

6 AGORA, SENTADO EM SUA CADEIRA, NA SALA DE AULA, ESCREVA:

A) O QUE ESTÁ ATRÁS DE VOCÊ?

....

B) O QUE ESTÁ NA SUA FRENTE?

....

C) O QUE ESTÁ DO SEU LADO DIREITO?

....

D) O QUE ESTÁ DO SEU LADO ESQUERDO?

....

E) CONVERSE COM OS COLEGAS E O PROFESSOR:

- COLOQUE A SUA MÃO EMBAIXO DE SUA CARTEIRA. O QUE FICOU ACIMA DE SUA MÃO?
- COLOQUE A SUA MÃO EM CIMA DE SUA CARTEIRA. O QUE FICOU EMBAIXO DE SUA MÃO?

VAMOS RETOMAR

1 CIRCULE DE **VERDE** O QUE VOCÊ FAZ EM CASA E DE **VERMELHO** O QUE FAZ NA ESCOLA. SE VOCÊ FIZER ISSO TANTO NA ESCOLA COMO EM CASA, CIRCULE DE **AZUL**.

TOMAR BANHO	ESCOVAR OS DENTES	BRINCAR
DORMIR		
ALMOÇAR	ESTUDAR	JANTAR

2 ESCOLHA UM LUGAR DA ESCOLA E SENTE-SE NO CHÃO. DESENHE, EM UMA FOLHA À PARTE, O QUE VOCÊ VÊ À SUA FRENTE. DEPOIS, DESENHE NO VERSO DA FOLHA O QUE VÊ ATRÁS DE VOCÊ.

3 NA ILUSTRAÇÃO ABAIXO, PINTE DE **MARROM** AS CRIANÇAS QUE ESTÃO DENTRO DA QUADRA E DE **AMARELO** AS QUE ESTÃO FORA DELA.

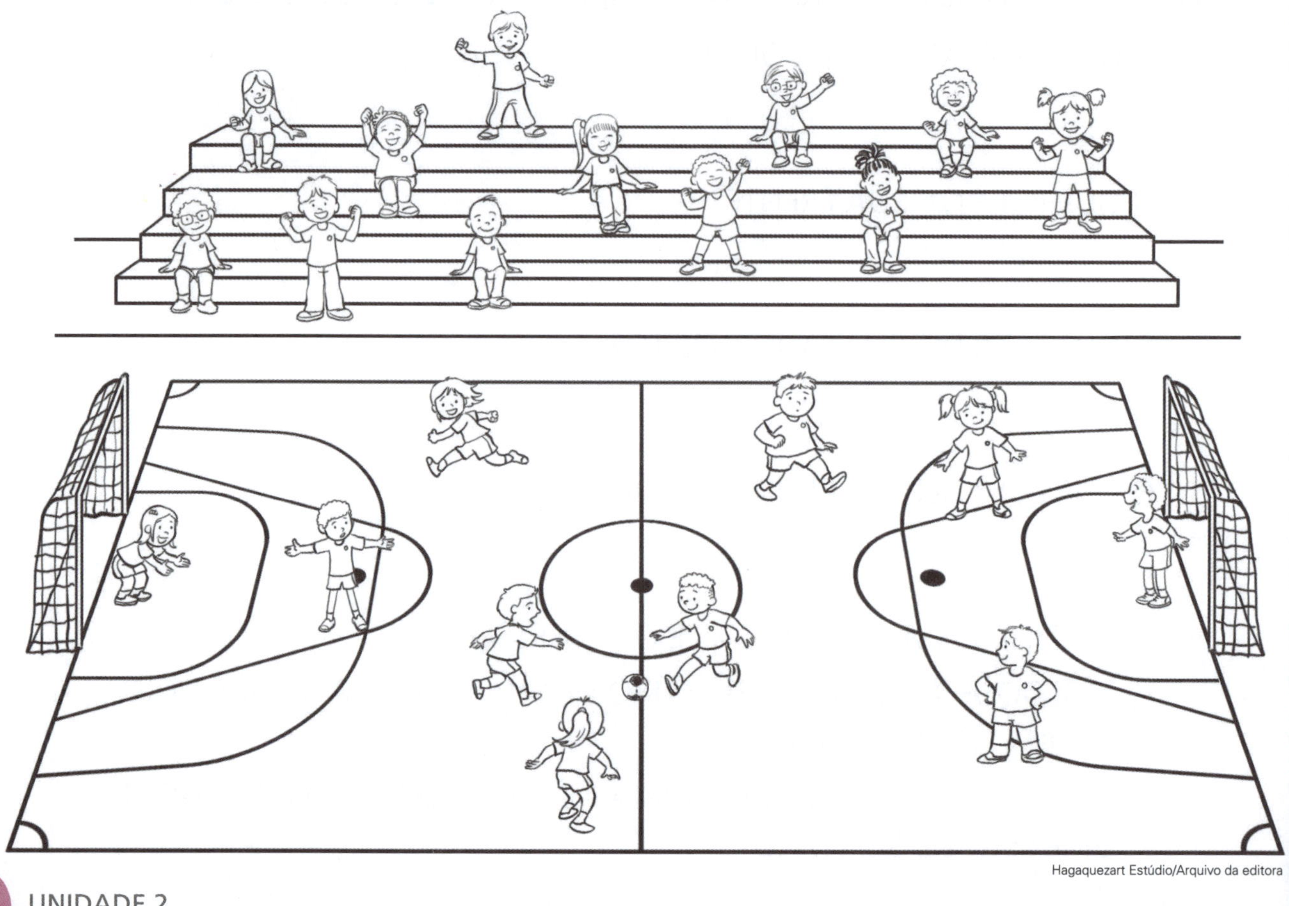

Hagaquezart Estúdio/Arquivo da editora

AUTOAVALIAÇÃO

VAMOS PENSAR SOBRE O QUE VOCÊ APRENDEU NESTA UNIDADE?
MARQUE COM **X** A OPÇÃO QUE MELHOR REPRESENTE SUA RESPOSTA A CADA PERGUNTA ABAIXO.

1. VOCÊ CONSEGUE IDENTIFICAR AS DEPENDÊNCIAS DA ESCOLA?			
2. VOCÊ CONSEGUE DESCREVER CARACTERÍSTICAS DE SEUS LUGARES DE VIVÊNCIA, RECONHECENDO SEMELHANÇAS E DIFERENÇAS ENTRE ELES E OS LUGARES DE VIVÊNCIA DOS COLEGAS?			
3. VOCÊ CONSEGUE DESCREVER ATIVIDADES DE TRABALHO NA ESCOLA?			
4. VOCÊ DISCUTE E ELABORA REGRAS DE CONVÍVIO NA ESCOLA?			
5. VOCÊ RECONHECE O QUE É FRENTE, ATRÁS, ESQUERDA, DIREITA, DENTRO, FORA, EM CIMA E EMBAIXO?			

SUGESTÕES

PARA LER

- **A ESCOLA DO MARCELO,** DE RUTH ROCHA. SÃO PAULO: SALAMANDRA, 2011.

  NESTE LIVRO VOCÊ VAI CONHECER UM POUCO DO DIA A DIA DA ESCOLA DO MARCELO. COMO SERÁ QUE ELA É?

- **TÔ DENTRO, TÔ FORA...,** DE ALCY. SÃO PAULO: FORMATO, 2005.

  AS ILUSTRAÇÕES DESTE LIVRO AJUDAM A EXPLORAR NOÇÕES COMO DENTRO E FORA, EM CIMA E EMBAIXO, À DIREITA E À ESQUERDA.

Reprodução/Salamandra

Reprodução/Formato

UNIDADE

3 ONDE MORAMOS

NESTA UNIDADE VOCÊ VAI:

- DESCREVER E COMPARAR DIFERENTES TIPOS DE MORADIA.
- IDENTIFICAR DIFERENTES MATERIAIS USADOS NA CONSTRUÇÃO DE MORADIAS.
- IDENTIFICAR E DESCREVER AS CARACTERÍSTICAS DO LUGAR ONDE VOCÊ MORA.
- USAR FRENTE E ATRÁS, DIREITA E ESQUERDA, EM CIMA E EMBAIXO, DENTRO E FORA PARA LOCALIZAR ELEMENTOS NAS REPRESENTAÇÕES.
- REPRESENTAR UM PERCURSO EM UM DESENHO.

1. O QUE VOCÊ OBSERVA NAS FOTOGRAFIAS?
2. DE QUE MATERIAIS SÃO FEITAS AS MORADIAS QUE APARECEM NAS FOTOGRAFIAS?
3. VOCÊ CONHECIA MORADIAS COMO ESSAS? CONTE AOS COLEGAS E AO PROFESSOR.
4. VOCÊ CONHECE OUTROS MATERIAIS USADOS NA CONSTRUÇÃO DE MORADIAS? QUAIS?

1. MORADIA INDÍGENA DO POVO GUARANI, NO MUNICÍPIO DE SÃO PAULO, NO ESTADO DE SÃO PAULO, EM 2014.
2. MORADIA NO MUNICÍPIO DE EXTREMA, NO ESTADO DE MINAS GERAIS, EM 2016.

Fabio Colombini/Acervo do fotógrafo

1

2

Filipe Granado/Futura Press

DIFERENTES MORADIAS

SE VOCÊ OBSERVAR O LUGAR ONDE VIVE, VAI VER QUE EXISTEM DIFERENTES TIPOS DE MORADIA. O MESMO ACONTECE EM OUTROS LOCAIS DO BRASIL E DO MUNDO. VEJA ALGUNS EXEMPLOS NAS FOTOGRAFIAS A SEGUIR.

ACESSE

POVOS INDÍGENAS NO BRASIL MIRIM – CASAS

O TELHADO DESTA MORADIA É BEM INCLINADO. EM LOCAIS ONDE NEVA BASTANTE, MUITAS MORADIAS SÃO CONSTRUÍDAS COM ESSE TIPO DE TELHADO. ASSIM, A NEVE NÃO ACUMULA SOBRE ELE. AS PAREDES DESTA MORADIA FORAM FEITAS DE TIJOLOS.

1

Adrian Zenz/Shutterstock

MORADIA NA ALEMANHA, EM 2015.

O TELHADO E AS PAREDES DESTA MORADIA SÃO DE PALHA E MADEIRA. MUITOS INDÍGENAS CONSTROEM SUAS MORADIAS UTILIZANDO FOLHAS, TRONCOS E GALHOS DE ALGUMAS ÁRVORES DA FLORESTA. EM MORADIAS COMO ESSA, O VENTO CIRCULA FACILMENTE, O QUE É BOM EM LOCAIS ONDE FAZ MUITO CALOR.

2

Renato Soares/Pulsar Imagens

MORADIA INDÍGENA DO POVO KAYAPÓ NO MUNICÍPIO DE SÃO FÉLIX DO XINGU, NO ESTADO DO PARÁ, EM 2016.

PARA FAZER ESTAS MORADIAS, ESCAVAM-SE MORROS OU MONTANHAS, COMO SE FOSSEM GRUTAS. ISSO DEIXA O INTERIOR DELAS BEM FRESQUINHO, APESAR DO INTENSO CALOR QUE FAZ NO LOCAL ONDE SÃO CONSTRUÍDAS.

3

pavel068/Shutterstock

MORADIA NA TUNÍSIA, EM 2014.

ESTAS MORADIAS FORAM CONSTRUÍDAS SOBRE ESTACAS DE MADEIRA PORQUE ESTÃO NA BEIRA DE UM RIO. ASSIM, ELAS FICAM PROTEGIDAS DAS ENCHENTES QUANDO O NÍVEL DA ÁGUA DO RIO SOBE. ESSE TIPO DE MORADIA É CHAMADO PALAFITA.

4

Glyn Thomas Photography/Alamy/Fotoarena

MORADIAS NA MALÁSIA, EM 2014.

VOCÊ CONHECE OS MATERIAIS UTILIZADOS NA CONSTRUÇÃO DAS MORADIAS RETRATADAS NAS FOTOGRAFIAS DA PÁGINA ANTERIOR?

1 **ESCREVA O NOME DOS MATERIAIS QUE APARECEM NAS FOTOGRAFIAS ABAIXO. UTILIZE AS PALAVRAS DO QUADRO.**

PALHA	TIJOLO	MADEIRA

Thais Falcão/Olhar Imagem

....

Luciana Whitaker/Pulsar Imagens

....

Mario Friedlander/Pulsar Imagens

....

OS MATERIAIS DAS FOTOGRAFIAS ACIMA NÃO ESTÃO PROPORCIONAIS ENTRE SI.

2 **QUAL MATERIAL APRESENTADO ACIMA FOI UTILIZADO NA CONSTRUÇÃO:**

A) DA MORADIA DA FOTOGRAFIA 1? ....

B) DA MORADIA DA FOTOGRAFIA 2? ....

C) DA MORADIA DA FOTOGRAFIA 4? ....

3 **COMPLETE O QUADRO DE ACORDO COM O QUE VOCÊ APRENDEU SOBRE AS MORADIAS DAS FOTOGRAFIAS DA PÁGINA ANTERIOR.**

	PARA SE PROTEGER...	**AS PESSOAS CONSTROEM MORADIAS:**
1	... DA NEVE	....
2	... DO CALOR	....
3	... DO CALOR	....
4	... DA ÁGUA	....

4 **NO ESPAÇO ABAIXO, FAÇA UM DESENHO DA SUA MORADIA VISTA DE FORA.**

Banco de imagem/Arquivo da editora

A) AGORA, ENTRE AS OPÇÕES ABAIXO, PINTE O NOME DE UM MATERIAL UTILIZADO NA CONSTRUÇÃO DA SUA MORADIA.

PALHA TIJOLO MADEIRA

B) VOCÊ IDENTIFICA OUTRO MATERIAL UTILIZADO NA CONSTRUÇÃO DA SUA MORADIA? QUAL?

C) COMPARE A SUA MORADIA COM AS MORADIAS OBSERVADAS NAS PÁGINAS ANTERIORES. ESCREVA ABAIXO:

- UMA SEMELHANÇA ENTRE ELAS:
- UMA DIFERENÇA ENTRE ELAS:

MORADIAS NAS OBRAS DE ARTE

MUITAS VEZES, AS MORADIAS SÃO REPRESENTADAS EM OBRAS DE ARTE, COMO NESTA PINTURA DE TARSILA DO AMARAL. OBSERVE.

MAMOEIRO, DE TARSILA DO AMARAL, 1925 (ÓLEO SOBRE TELA DE 65 cm × 70 cm).

AGORA, RESPONDA ÀS QUESTÕES.

1 **COMO SÃO AS MORADIAS RETRATADAS?**

2 **ESCOLHA UMA DAS PALAVRAS OU EXPRESSÕES INDICADAS PARA COMPLETAR AS LACUNAS.**

A) NA FRENTE / ATRÁS — O MAMOEIRO ESTÁ .... DA MULHER DE VESTIDO AZUL.

B) EM CIMA / EMBAIXO — .... DA PONTE HÁ UM RIO.

ONDE EU DURMO

AS MORADIAS SÃO DIFERENTES POR FORA E TAMBÉM POR DENTRO.

VEJA, NAS FOTOGRAFIAS A SEGUIR, DIFERENTES LOCAIS DE DORMIR.

Olga Leiria/Olhar Imagem

MORADIA NO MUNICÍPIO DE ICÓ, NO ESTADO DO CEARÁ, EM 2014.

Renato Soares/Pulsar Imagens

MORADIA INDÍGENA DO POVO KAYAPÓ, NO MUNICÍPIO DE SÃO FÉLIX DO XINGU, NO ESTADO DO PARÁ, EM 2015.

Fernando Favoretto/Criar Imagem

ORFANATO NO MUNICÍPIO DE SÃO PAULO, NO ESTADO DE SÃO PAULO, EM 2013.

1 COMO SÃO OS LOCAIS DE DORMIR RETRATADOS NAS FOTOGRAFIAS? CONVERSE COM OS COLEGAS E O PROFESSOR.

2 O LUGAR ONDE VOCÊ DORME É SEMELHANTE A ALGUM DOS LOCAIS RETRATADOS NAS FOTOGRAFIAS? EXPLIQUE AOS COLEGAS E AO PROFESSOR. DEPOIS, FAÇA ABAIXO UM DESENHO DO LUGAR ONDE VOCÊ DORME.

Banco de imagem/Arquivo da editora

TROCA DE IDEIAS

- OS LOCAIS ONDE AS PESSOAS DORMEM PODEM SER MUITO DIFERENTES. POR QUE VOCÊ ACHA QUE ISSO ACONTECE?

3 NA ILUSTRAÇÃO ABAIXO, O QUARTO DESTES DOIS IRMÃOS PRECISA DE UMA ARRUMAÇÃO. AJUDE AS CRIANÇAS NESSA TAREFA. CIRCULE NA ILUSTRAÇÃO O QUE VOCÊ ACHA QUE PODE SER LIMPO E ORGANIZADO.

Hagaquezart Estúdio/Arquivo da editora

VAMOS FALAR SOBRE...

CUIDAR DA NOSSA MORADIA

NA MORADIA ENCONTRAMOS PROTEÇÃO E ABRIGO. É IMPORTANTE MANTER A MORADIA LIMPA E ORGANIZADA. PARA ISSO, TODOS OS QUE VIVEM NELA PRECISAM COLABORAR.

1. TODOS OS MORADORES DA SUA MORADIA PARTICIPAM DA LIMPEZA E DA ORGANIZAÇÃO DELA? CONTE COMO ISSO É FEITO.
2. VOCÊ É RESPONSÁVEL POR QUAIS TAREFAS NA ORGANIZAÇÃO E LIMPEZA DA SUA MORADIA?

OS CAMINHOS DENTRO DA MORADIA

ARTUR CHEGOU À MORADIA DOS AMIGOS PARA BRINCAR. MAS ELE NÃO CONHECE O CAMINHO ATÉ O QUARTO ONDE OS AMIGOS ESTÃO. VOCÊ VAI AJUDAR ARTUR A CHEGAR ATÉ LÁ.

LEIA
VOLTANDO PARA CASA

1 **A ILUSTRAÇÃO ABAIXO É DA MORADIA DOS AMIGOS DE ARTUR. TRACE O CAMINHO QUE ELE DEVE PERCORRER PARA IR DA PORTA DE ENTRADA ATÉ O QUARTO DAS CRIANÇAS.**

Hagaquezart Estúdio/Arquivo da editora

ILUSTRAÇÃO SEM ESCALA.

2 **AGORA, UTILIZE AS PALAVRAS DO QUADRO E COMPLETE O TEXTO QUE DESCREVE O CAMINHO QUE ARTUR PERCORREU PARA CHEGAR AO QUARTO DAS CRIANÇAS.**

DIREITA	ESQUERDA	EM FRENTE

AO ENTRAR NA MORADIA, ARTUR SEGUIU .... ATÉ CHEGAR À COZINHA. DEPOIS VIROU À .... E LOGO EM SEGUIDA VIROU À ....

ENCONTRANDO O CAMINHO DE VOLTA

ACOMPANHE O TEXTO QUE O PROFESSOR VAI LER.

LEIA
JOÃO E MARIA

JOÃO E MARIA ERAM DOIS IRMÃOS QUE MORAVAM PERTO DE UMA GRANDE FLORESTA. CERTO DIA, PARA NÃO SE PERDEREM AO CAMINHAREM SOZINHOS NA FLORESTA, JOÃO TEVE A IDEIA DE JOGAR PEDRINHAS NO CHÃO, MARCANDO O CAMINHO POR ONDE PASSAVAM. MAS NÃO FOI SÓ ISSO QUE AJUDOU OS IRMÃOS A ENCONTRAR O CAMINHO DE VOLTA PARA CASA. ELES PRESTARAM MUITA ATENÇÃO EM TUDO O QUE VIAM PELO CAMINHO.

VEJA O CAMINHO QUE JOÃO E MARIA PERCORRERAM.

Hagaquezart Estúdio/Arquivo da editora

1 ALÉM DE MARCAR O CAMINHO COM PEDRINHAS, JOÃO E MARIA OBSERVARAM ALGUNS ELEMENTOS PELO CAMINHO QUE OS AJUDARAM A NÃO SE PERDER NO MEIO DE TANTAS ÁRVORES IGUAIS. QUE ELEMENTOS SÃO ESSES? CIRCULE NA ILUSTRAÇÃO.

2 AGORA É A SUA VEZ! EM UMA FOLHA À PARTE, FAÇA O DESENHO DE UM CAMINHO QUE VOCÊ PERCORRE TODOS OS DIAS. PODE SER DA ENTRADA DA ESCOLA ATÉ A SALA DE AULA, POR EXEMPLO. DESENHE ALGUNS ELEMENTOS QUE AJUDAM VOCÊ A ENCONTRAR ESSE CAMINHO.

OS ARREDORES DA MORADIA E DA ESCOLA

NO DIA A DIA, QUANDO VOCÊ SE DESLOCA ENTRE A SUA MORADIA E A ESCOLA, VOCÊ CIRCULA POR RUAS, PRAÇAS OU ESTRADAS. COMO SÃO ESSES LUGARES?

OBSERVE AS FOTOGRAFIAS A SEGUIR.

1

Rubens Chaves/Pulsar Imagens

RUA NO MUNICÍPIO DE VIÇOSA, NO ESTADO DE ALAGOAS, EM 2015.

2

João Prudente/Pulsar Imagens

RUA NO MUNICÍPIO DE CURITIBA, NO ESTADO DO PARANÁ, EM 2015.

1 CONVERSE COM OS COLEGAS E O PROFESSOR.

A) O LUGAR PERTO DA SUA MORADIA SE PARECE MAIS COM A FOTOGRAFIA 1 OU COM A FOTOGRAFIA 2? POR QUÊ?

B) O LUGAR PERTO DA ESCOLA ONDE VOCÊ ESTUDA SE PARECE MAIS COM A FOTOGRAFIA 1 OU COM A FOTOGRAFIA 2? POR QUÊ?

AGORA, ACOMPANHE A LEITURA QUE O PROFESSOR FARÁ DO TRECHO DE UM POEMA.

O CAMINHO DA ESCOLA

VEJO TANTA COISA
QUANDO VOU PARA A ESCOLA...
O CÉU, O SOL E O MAR
PASSARINHOS A CANTAR. [...]

PRÓXIMO DA ESCOLA,
COLEGAS BATENDO BOLA.
EM FRENTE À LANCHONETE
A TURMINHA DO BASQUETE. [...]

SOLANGE VALADARES. **O CAMINHO DA ESCOLA**. DISPONÍVEL EM: <http://professorafatinhasantos.blogspot.com.br>. ACESSO EM: MAR. 2018.

Hagaquezart Estúdio/Arquivo da editora

2 DE ACORDO COM O POEMA, O QUE A CRIANÇA VÊ QUANDO VAI DE CASA ATÉ A ESCOLA? CIRCULE NO POEMA.

3 E VOCÊ, O QUE VÊ NO CAMINHO DA SUA MORADIA ATÉ A ESCOLA? POR QUAIS LUGARES VOCÊ PASSA?

....

....

VAMOS RETOMAR

1 NESTA UNIDADE, VOCÊ CONHECEU DIFERENTES TIPOS DE MORADIA. EM GRUPOS, PESQUISEM IMAGENS DE OUTRAS MORADIAS. MONTEM UM CARTAZ COM AS IMAGENS PESQUISADAS. ESCREVAM UMA LEGENDA PARA CADA UMA, INDICANDO O LOCAL, O MATERIAL DE QUE É FEITA A MORADIA E O QUE É MAIS INTERESSANTE NELA.

2 LEIA O TRECHO DO POEMA A SEGUIR.

O LUGAR ONDE MORO

[...] O LUGAR ONDE MORO;

TEM CAVALO, TEM BOI, TEM MATO;

TEM MUITA CRIANÇA A BRINCAR.

CACHORRO; BOLA; E LUGAR PRA CAMINHAR.

RAQUEL NASCIMENTO. **O LUGAR ONDE MORO**. DISPONÍVEL EM: <www.recantodasletras.com.br/>. ACESSO EM: MAR. 2018.

A) QUAL DAS ILUSTRAÇÕES ABAIXO SE PARECE MAIS COM O LUGAR DESCRITO NO POEMA ACIMA? MARQUE COM **X**.

Hagaquezart Estúdio/Arquivo da editora

Hagaquezart Estúdio/Arquivo da editora

B) NO CADERNO, COMPLETE A FRASE ABAIXO COM PALAVRAS QUE DESCREVAM O LUGAR ONDE VOCÊ MORA.

O LUGAR ONDE MORO...

AUTOAVALIAÇÃO

VAMOS PENSAR SOBRE O QUE VOCÊ APRENDEU NESTA UNIDADE?
MARQUE COM **X** A OPÇÃO QUE MELHOR REPRESENTE SUA RESPOSTA A CADA PERGUNTA ABAIXO.

1. VOCÊ CONSEGUE DESCREVER E COMPARAR DIFERENTES TIPOS DE MORADIA?			
2. VOCÊ CONSEGUE IDENTIFICAR DIFERENTES MATERIAIS USADOS NA CONSTRUÇÃO DE MORADIAS?			
3. VOCÊ CONSEGUE IDENTIFICAR E DESCREVER AS CARACTERÍSTICAS DO LUGAR ONDE MORA?			
4. VOCÊ SABE USAR FRENTE E ATRÁS, DIREITA E ESQUERDA, EM CIMA E EMBAIXO, DENTRO E FORA PARA LOCALIZAR ELEMENTOS NAS REPRESENTAÇÕES?			
5. VOCÊ CONSEGUE REPRESENTAR UM PERCURSO EM UM DESENHO?			

SUGESTÕES

PARA LER

Reprodução/Editora Salamandra

- **JOÃO E MARIA**, POR RUTH ROCHA. SÃO PAULO: SALAMANDRA, 2010.

  NESTE LIVRO VOCÊ VAI CONHECER A HISTÓRIA COMPLETA DE JOÃO E MARIA, RECONTADA POR UMA DAS MAIS IMPORTANTES AUTORAS DE HISTÓRIAS INFANTIS DO BRASIL.

Reprodução/Editora Vale das Letras

- **VOLTANDO PARA CASA**. BLUMENAU: VALE DAS LETRAS, 2014.

  POR MEIO DE EXERCÍCIOS SIMPLES E DIVERTIDOS, VOCÊ VAI SEGUIR O CAMINHO ATÉ ENCONTRAR A CASA DOS GÊMEOS.

PARA ACESSAR

- **POVOS INDÍGENAS NO BRASIL MIRIM**.

  DISPONÍVEL EM: <https://mirim.org>. ACESSO EM: MAR. 2018.

  NESTE *SITE*, CLICANDO NA ABA **COMO VIVEM** E DEPOIS NA ABA **CASAS**, VOCÊ ENCONTRA INFORMAÇÕES E FOTOGRAFIAS DE DIVERSAS MORADIAS INDÍGENAS.

UNIDADE

4 OS RITMOS DA NATUREZA E A VIDA DAS PESSOAS

NESTA UNIDADE VOCÊ VAI:

- OBSERVAR E DESCREVER VARIAÇÕES NAS CONDIÇÕES DO TEMPO ATMOSFÉRICO.
- DESCREVER ATIVIDADES DE TRABALHO RELACIONADAS COM O DIA E A NOITE.
- DESCREVER CARACTERÍSTICAS DE SEUS LUGARES DE VIVÊNCIA RELACIONADAS COM OS RITMOS DA NATUREZA.
- RELACIONAR HÁBITOS ALIMENTARES E TIPOS DE ROUPA COM A MUDANÇA DO TEMPO NO DECORRER DO ANO.

1. O QUE VOCÊ SENTE AO OLHAR PARA A CENA RETRATADA NESTA FOTOGRAFIA?
2. QUAIS ELEMENTOS VOCÊ OBSERVA NA FOTOGRAFIA?
3. SE O SOL NÃO ESTIVESSE PRESENTE, COMO FICARIA O LOCAL OBSERVADO NA FOTOGRAFIA?
4. O QUE VOCÊ SABE SOBRE A IMPORTÂNCIA DO SOL PARA OS SERES VIVOS (PESSOAS, ANIMAIS, PLANTAS)?

FINAL DE TARDE COM PÔR DO SOL ÀS MARGENS DO RIO PIXAIM, NO ESTADO DE MATO GROSSO, EM 2014.

Wolfgang Kaehler/LightRocket via Getty Images

NUNCA OLHE DIRETAMENTE PARA O SOL, POIS ISSO PODE PROVOCAR SÉRIOS DANOS À SUA VISÃO.

O DIA E A NOITE

COMO É O DIA? E COMO É A NOITE?

OBSERVE AS FOTOGRAFIAS.

LEIA
DIA E NOITE

1

João Prudente/Pulsar Imagens

VISTA DO CENTRO HISTÓRICO DO MUNICÍPIO DE LENÇÓIS, NO ESTADO DA BAHIA, EM 2016.

2

João Prudente/Pulsar Imagens

VISTA DO CENTRO HISTÓRICO DO MUNICÍPIO DE LENÇÓIS, NO ESTADO DA BAHIA, EM 2016.

1 **MARQUE COM X A OPÇÃO CORRETA.**

A) A FOTOGRAFIA 1 FOI TIRADA DURANTE:

☐ O DIA. ☐ A NOITE.

B) A FOTOGRAFIA 2 FOI TIRADA DURANTE:

☐ O DIA. ☐ A NOITE.

2 **COMO ESTÁ O CÉU NA FOTOGRAFIA 1? E NA FOTOGRAFIA 2? O QUE ILUMINA CADA CENA?**

O PROFESSOR VAI LER O POEMA ABAIXO COM VOCÊ.

O DIA E A NOITE

O DIA ME ACORDA
ABRINDO A JANELA
SUA CARA CONTENTE VEM ME DESPERTAR
DEMORO UM POUQUINHO, E BEM DEVAGARINHO
EU ABRO MEUS BRAÇOS PARA O DIA CHEGAR
LÁ FORA O DIA ESTÁ CHEIO DE PRESSA
CORRE ATRÁS DE TODO MUNDO
QUE SEMPRE TEM MUITA COISA PRA FAZER
[...] A NOITE TÃO BELA
ENFEITA A JANELA
COM SUAS ESTRELAS BOIANDO NO AR
EU FICO QUIETINHO, EU QUERO UM CARINHO,
E A NOITE ME ABRAÇA PRA EU PODER SONHAR
TODO DIA O DIA VEM,
A NOITE TAMBÉM.

BIA BEDRAN. **O DIA E A NOITE**. DISPONÍVEL EM: <www.letras.mus.br/>. ACESSO EM: MAR. 2018.

Hagaquezart Estúdio/Arquivo da editora

3 **CIRCULE DE AZUL NO POEMA OS VERSOS QUE SE REFEREM AO DIA E DE PRETO OS VERSOS QUE SE REFEREM À NOITE.**

4 **O POEMA TRATA DE ALGUMAS DIFERENÇAS ENTRE O DIA E A NOITE. AS ATIVIDADES REALIZADAS DURANTE O DIA E A NOITE TAMBÉM SÃO DIFERENTES. CONVERSE COM OS COLEGAS E O PROFESSOR: O QUE MUDA ENTRE O DIA E A NOITE NO LUGAR ONDE VOCÊ MORA? PENSE NOS SONS, NA QUANTIDADE DE VEÍCULOS E PESSOAS QUE CIRCULAM E NO QUE ELAS FAZEM.**

AS ATIVIDADES DO DIA E DA NOITE

OBSERVE, NAS ILUSTRAÇÕES A SEGUIR, ALGUMAS ATIVIDADES QUE LAURA FAZ DURANTE O DIA E DURANTE A NOITE EM UMA SEGUNDA-FEIRA.

DE DIA

Hagaquezart Estúdio/Arquivo da editora

DE NOITE

Hagaquezart Estúdio/Arquivo da editora

1. DE ACORDO COM A ILUSTRAÇÃO DA PÁGINA ANTERIOR, O QUE LAURA FAZ DURANTE O DIA? E DURANTE A NOITE?

2. A SUA ROTINA EM UMA SEGUNDA-FEIRA É PARECIDA COM A DE LAURA?

3. DESENHE ABAIXO UMA ATIVIDADE QUE VOCÊ FAZ DURANTE O DIA E UMA ATIVIDADE QUE VOCÊ FAZ DURANTE A NOITE.

DE DIA

Banco de imagem/Arquivo da editora

DE NOITE

Banco de imagem/Arquivo da editora

VOCÊ JÁ PERCEBEU QUE DEPOIS DO DIA VEM A NOITE E DEPOIS DA NOITE VEM O DIA NOVAMENTE? ESSA SUCESSÃO DE DIAS E NOITES É UMA AÇÃO DA NATUREZA, OU SEJA, É UM RITMO NATURAL.

TRABALHADORES DO DIA E DA NOITE

VOCÊ CONHECE ATIVIDADES DE TRABALHO QUE SÃO REALIZADAS DURANTE O DIA? E ATIVIDADES DE TRABALHO QUE SÃO REALIZADAS À NOITE?

MUITOS TIPOS DE TRABALHO SÃO REALIZADOS TANTO DE DIA QUANTO À NOITE. HÁ PROFESSORES QUE TRABALHAM DE DIA E TAMBÉM À NOITE. HÁ FAXINEIROS QUE TRABALHAM DURANTE O DIA E OUTROS, DURANTE A NOITE.

OBSERVE AS FOTOGRAFIAS DESTA PÁGINA E DA PRÓXIMA.

Pei Fon/Secom Maceió

TRABALHADORES EM UMA RUA DO MUNICÍPIO DE MACEIÓ, NO ESTADO DE ALAGOAS, EM 2015. ESSES TRABALHADORES FAZEM ASFALTAMENTO DAS RUAS E CONSERTAM BURACOS. ESSE TRABALHO GERALMENTE É FEITO DURANTE A NOITE, QUANDO O MOVIMENTO DE VEÍCULOS É MENOR.

Ricardo Teles/Pulsar Imagens

VENDEDOR DE LANCHES E SUCOS NO MUNICÍPIO DE MARABÁ, NO ESTADO DO PARÁ, EM 2016. ESSE TRABALHADOR VENDE DIVERSOS TIPOS DE LANCHES E SUCOS. MUITOS VENDEDORES DESSES PRODUTOS TRABALHAM À NOITE, EM QUIOSQUES, BARRACAS OU VEÍCULOS, COMO SE VÊ NA FOTOGRAFIA.

Ricardo Oliveira/Tyba

AGRICULTORES NA COLHEITA DE COUVE EM PLANTAÇÃO NO MUNICÍPIO DE IRANDUBA, NO ESTADO DO AMAZONAS, EM 2016. ESSES TRABALHADORES PLANTAM VEGETAIS, ACOMPANHAM O CRESCIMENTO DELES E DEPOIS OS COLHEM. ESSE TRABALHO É GERALMENTE REALIZADO DE DIA. ESSA ATIVIDADE É CHAMADA AGRICULTURA.

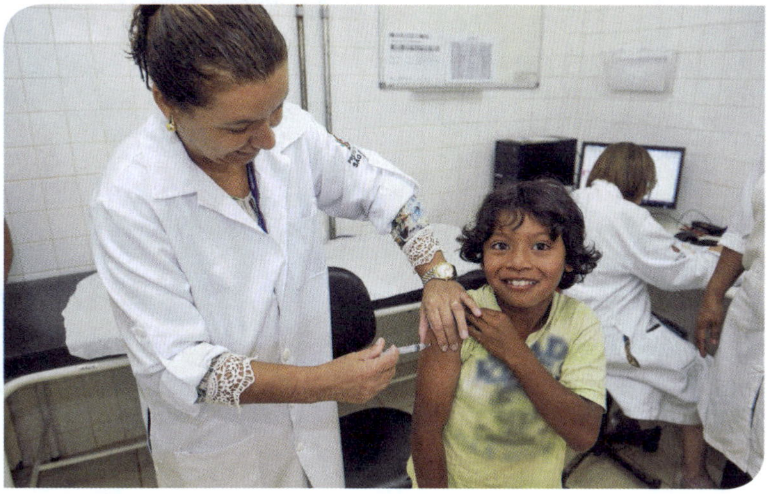

Chico Ferreira/Pulsar Imagens

ENFERMEIRA APLICANDO VACINA EM CRIANÇA EM POSTO DE SAÚDE NO MUNICÍPIO DE SÃO PAULO, NO ESTADO DE SÃO PAULO, EM 2016. ESSA TRABALHADORA APLICA INJEÇÕES, FAZ CURATIVOS E FORNECE MEDICAMENTOS RECEITADOS PELOS MÉDICOS EM HOSPITAIS E POSTOS DE SAÚDE. ESSE TIPO DE TRABALHO É REALIZADO TANTO DE DIA QUANTO DE NOITE.

1 LIGUE A DESCRIÇÃO DO TRABALHO AO NOME DO TRABALHADOR CORRESPONDENTE.

VENDE LANCHES E SUCOS. PODE TRABALHAR À NOITE OU DE DIA.	AGRICULTOR
FAZ ASFALTAMENTO DE RUAS E CONSERTA BURACOS. GERALMENTE, TRABALHA DURANTE A NOITE.	ENFERMEIRO
PLANTA E COLHE VEGETAIS. GERALMENTE REALIZA ESSA ATIVIDADE DURANTE O DIA.	VENDEDOR
APLICA INJEÇÕES E FAZ CURATIVOS. TRABALHA EM HOSPITAIS E POSTOS DE SAÚDE, DURANTE O DIA OU A NOITE.	OPERÁRIO

A NATUREZA E AS CONDIÇÕES DO TEMPO

ALÉM DA EXISTÊNCIA DOS DIAS E DAS NOITES, PODEMOS PERCEBER A AÇÃO DA NATUREZA E SEUS RITMOS DE OUTRAS MANEIRAS. OBSERVE A FOTOGRAFIA.

Vitor Marigo / Opção Brasil Imagens

VISTA DE TRECHO DO MUNICÍPIO DE ALTO PARAÍSO DE GOIÁS, NO ESTADO DE GOIÁS, EM 2016.

1 **DESCREVA COMO ESTÁ O CÉU NA FOTOGRAFIA ACIMA.**

2 **AS CARACTERÍSTICAS DO CÉU QUE VOCÊ DESCREVEU SÃO UMA:**

☐ AÇÃO DA NATUREZA. ☐ AÇÃO DO SER HUMANO.

AGORA, OBSERVE AS FOTOGRAFIAS ABAIXO E A DA PÁGINA SEGUINTE.

1

Gerson Gerloff/Pulsar Imagens

CRIANÇA INDO PARA A ESCOLA NO MUNICÍPIO DE SÃO JOSÉ DOS AUSENTES, NO ESTADO DO RIO GRANDE DO SUL, EM 2017.

2

Vitor Marigo/Tyba

CRIANÇAS INDO PARA A ESCOLA NO MUNICÍPIO DE CAIRU, NO ESTADO DA BAHIA, EM 2016.

3

Theo Marques/Fotoarena

CRIANÇA INDO PARA A ESCOLA NO MUNICÍPIO DE CURITIBA, NO ESTADO DO PARANÁ, EM 2017.

3 CIRCULE DE **VERDE** A FOTOGRAFIA QUE RETRATA SITUAÇÃO DE CHUVA; DE **VERMELHO** A QUE RETRATA SITUAÇÃO DE FRIO; E DE **AZUL** A QUE RETRATA SITUAÇÃO DE CALOR.

4 CONVERSE COM OS COLEGAS E O PROFESSOR: A CHUVA, O FRIO E O CALOR QUE SENTIMOS SÃO RESULTADO DA AÇÃO DA NATUREZA?

VAMOS FALAR SOBRE...

A IMPORTÂNCIA DA PREVISÃO DO TEMPO

ALGUMAS PESSOAS GOSTAM DE SABER COMO VAI SER O TEMPO AO LONGO DO DIA OU AO LONGO DA SEMANA QUANDO PROGRAMAM UM PASSEIO OU UMA VIAGEM, POR EXEMPLO. PARA ISSO, ELAS PRECISAM CONFERIR A PREVISÃO DO TEMPO, QUE ATUALMENTE PODE SER OBTIDA EM APLICATIVOS DE CELULAR, EM JORNAIS OU EM *SITES*. MUITAS ATIVIDADES DE TRABALHO TAMBÉM DEPENDEM DAS CONDIÇÕES DO TEMPO.

1. EM SUA OPINIÃO, É IMPORTANTE SABER A PREVISÃO DO TEMPO? POR QUÊ?

2. COM A AJUDA DO PROFESSOR, ORGANIZADOS EM GRUPOS, DESCUBRAM QUAL É A PREVISÃO DO TEMPO PARA OS PRÓXIMOS DIAS EM DIFERENTES LOCAIS DO BRASIL. PESQUISEM EM JORNAIS OU EM *SITES*.

AS DIFERENTES CONDIÇÕES DO TEMPO

OBSERVE AS FOTOGRAFIAS A SEGUIR. NELAS, AS CRIANÇAS ESTÃO SE DIVERTINDO DE DIFERENTES MANEIRAS.

Renato Soares/Pulsar Imagens

CRIANÇAS INDÍGENAS DO POVO KAYAPÓ BRINCANDO NA CHUVA EM ALDEIA DO MUNICÍPIO DE SÃO FÉLIX DO XINGU, NO ESTADO DO PARÁ, EM 2015.

Hans Von Manteuffel/Opção Brasil Imagens

CRIANÇAS BRINCANDO NA PRAIA NO MUNICÍPIO DE MARAGOGI, NO ESTADO DE ALAGOAS, EM 2016.

Mohammed Elshamy/Anadolu Agency/Getty Images

CRIANÇAS BRINCANDO NA NEVE EM PARQUE NOS ESTADOS UNIDOS, EM 2017.

1 **O QUE VOCÊ SENTIRIA SE ESTIVESSE NESSES LOCAIS NO MOMENTO EM QUE AS FOTOGRAFIAS FORAM TIRADAS? UTILIZE AS PALAVRAS ABAIXO PARA COMPLETAR AS FRASES A SEGUIR.**

FRIO	CALOR	MOLHADO

A) QUANDO TOMO CHUVA, EU FICO ______________________.

B) A PRESENÇA DA NEVE PROVOCA UMA SENSAÇÃO DE ______________________.

C) POSSO SENTIR ______________________ QUANDO MINHA PELE RECEBE A LUZ DO SOL.

2 E ONDE VOCÊ VIVE, COMO É? ASSINALE COM **X**.

A) FAZ CALOR? ☐ SIM ☐ NÃO

B) FAZ FRIO? ☐ SIM ☐ NÃO

C) NEVA? ☐ SIM ☐ NÃO

D) CHOVE? ☐ SIM ☐ NÃO

3 **O TEMPO TAMBÉM PODE FICAR COMO RETRATADO NAS FOTOGRAFIAS ABAIXO.**

Mario Friedlander/Pulsar Imagens

RUA NO MUNICÍPIO DE CUIABÁ, NO ESTADO DE MATO GROSSO, EM 2014.

Andre Dib/Pulsar Imagens

PRAIA NO MUNICÍPIO DE PARAIPABA, NO ESTADO DO CEARÁ, EM 2015.

A) EM QUAL FOTOGRAFIA O TEMPO ESTÁ NUBLADO (CÉU COBERTO COM NUVENS)?

....

B) EM QUAL FOTOGRAFIA O TEMPO APRESENTA VENTOS FORTES?

....

4 **CONVERSE COM OS COLEGAS E O PROFESSOR: VOCÊ JÁ PRESENCIOU SITUAÇÕES DE VENTOS FORTES? CONTE O QUE ACONTECEU COM AS ÁRVORES, OS OBJETOS, AS PESSOAS.**

5 **NESTE MOMENTO, COMO ESTÁ O TEMPO? MARQUE COM X.**

☐ CHUVOSO ☐ NUBLADO ☐ QUENTE

☐ ENSOLARADO ☐ FRIO ☐ NEVANDO

O TEMPO MUDA AO LONGO DO DIA

O TEMPO PODE MUDAR EM UM MESMO DIA.

OBSERVE NAS FOTOGRAFIAS A SEGUIR O MESMO LOCAL, EM UM MESMO DIA, MAS EM PERÍODOS DIFERENTES. DEPOIS, RESPONDA ÀS PERGUNTAS.

Andre Dib/Pulsar Imagens

Andre Dib/Pulsar Imagens

VISTA DE UMA DAS ILHAS DE FERNANDO DE NORONHA (ESTADO DE PERNAMBUCO) NO DIA 23 DE AGOSTO DE 2016. NA FOTOGRAFIA 1, DE MANHÃ E, NA FOTOGRAFIA 2, À TARDE.

1 COMO ESTAVA O TEMPO EM FERNANDO DE NORONHA DE MANHÃ? ASSINALE COM **X**.

☐ ENSOLARADO ☐ NUBLADO ☐ CHOVENDO

2 COMO ESTAVA O TEMPO EM FERNANDO DE NORONHA À TARDE? ASSINALE COM **X**.

☐ ENSOLARADO ☐ NUBLADO ☐ CHOVENDO

3 SE VOCÊ ESTIVESSE EM FERNANDO DE NORONHA NO DIA EM QUE AS FOTOGRAFIAS FORAM TIRADAS, QUAL ACESSÓRIO VOCÊ USARIA? LIGUE A ILUSTRAÇÃO AO TEXTO CORRESPONDENTE.

Hagaquezart Estúdio/Arquivo da editora

À TARDE

DE MANHÃ

4 VOCÊ JÁ JOGOU TRILHA? JUNTE-SE A UM COLEGA E OUÇAM AS ORIENTAÇÕES DO PROFESSOR.

Hagaquezart Estúdio/Arquivo da editora

COMO É O TEMPO AO LONGO DO ANO?

OBSERVE AS FOTOGRAFIAS A SEGUIR. NELAS, VEMOS O MESMO LOCAL EM MESES DIFERENTES. PRESTE ATENÇÃO NAS DATAS EM QUE ELAS FORAM FEITAS.

1

VISTA DE TRECHO DO MUNICÍPIO DE CASA NOVA, NO ESTADO DA BAHIA, NO MÊS DE ABRIL DE 2015.

Fabio Colombini/Acervo do fotógrafo

2

VISTA DO MESMO TRECHO DA FOTOGRAFIA 1, NO MÊS DE OUTUBRO DE 2015.

Fabio Colombini/Acervo do fotógrafo

1 **QUAIS DIFERENÇAS VOCÊ OBSERVA ENTRE AS FOTOGRAFIAS?**

2 **EM SUA OPINIÃO, O QUE PODE TER OCORRIDO PARA QUE AS CARACTERÍSTICAS DESSE LOCAL MUDASSEM DE UM MÊS (ABRIL) PARA OUTRO (OUTUBRO)?**

QUANDO A FOTOGRAFIA 1 FOI TIRADA (NO MÊS DE ABRIL DE 2015), ERA O FINAL DO PERÍODO DE CHUVA NESSE LOCAL. VEJA COMO AS FOLHAS DAS PLANTAS ESTÃO VERDES. QUANDO A FOTOGRAFIA 2 FOI TIRADA (NO MÊS DE OUTUBRO DE 2015), JÁ FAZIA ALGUNS MESES QUE NÃO CHOVIA NESSE LOCAL. OBSERVE QUE O RIO QUE APARECE NA FOTOGRAFIA 1 NÃO APARECE NA FOTOGRAFIA 2.

COMO VOCÊ PODE OBSERVAR NAS FOTOGRAFIAS, AO LONGO DO ANO TAMBÉM OCORREM MODIFICAÇÕES NAS CONDIÇÕES DO TEMPO EM UM LOCAL.

3 **HÁ UMA ÉPOCA DO ANO EM QUE CHOVE MAIS ONDE VOCÊ MORA? VOCÊ SABE DIZER QUANDO?**

NA PÁGINA ANTERIOR, VOCÊ FICOU SABENDO QUE NO MUNICÍPIO DE CASA NOVA (NO ESTADO DA BAHIA) EXISTE UMA ÉPOCA DO ANO COM CHUVA E OUTRA SEM CHUVA. EM OUTROS LOCAIS, PODE CHOVER MAIS EM ALGUNS MESES E MENOS EM OUTROS, POR EXEMPLO. MAS SERÁ QUE ESSAS DIFERENÇAS OCORREM SOMENTE EM RELAÇÃO ÀS CHUVAS? OBSERVE AS DUAS FOTOGRAFIAS A SEGUIR.

Felipe Carneiro/Ag.RBS/Folhapress

PESSOAS CAMINHANDO NO MUNICÍPIO DE FLORIANÓPOLIS, NO ESTADO DE SANTA CATARINA, EM SETEMBRO DE 2015.

Ricardo Ribas/Fotoarena

PESSOAS NA PRAIA NO MUNICÍPIO DE FLORIANÓPOLIS, NO ESTADO DE SANTA CATARINA, EM FEVEREIRO DE 2015.

4 ESCREVA ABAIXO O NOME DOS MESES DO ANO E COMO ESTÁ O TEMPO NOS LOCAIS RETRATADOS NAS FOTOGRAFIAS ACIMA. UTILIZE AS PALAVRAS **FRIO** E **CALOR**.

A) FOTOGRAFIA 1: MÊS DE .... ESTÁ ....

B) FOTOGRAFIA 2: MÊS DE .... ESTÁ ....

TROCA DE IDEIAS

1. HÁ DIFERENÇAS NO TIPO DE ROUPA QUE VOCÊ COSTUMA USAR AO LONGO DO ANO, CONSIDERANDO AS VARIAÇÕES NAS CONDIÇÕES DO TEMPO?
2. ONDE VOCÊ VIVE, HÁ ÉPOCAS DE MAIS CALOR E ÉPOCAS DE MENOS CALOR? ISSO INFLUENCIA O MODO COMO AS PESSOAS SE VESTEM?

OS ALIMENTOS E AS ÉPOCAS DO ANO

LEIA
O GRANDE RABANETE

O PERÍODO DE CRESCIMENTO E O DE COLHEITA DOS ALIMENTOS ESTÃO RELACIONADOS COM AS VARIAÇÕES DAS CONDIÇÕES DO TEMPO NO DECORRER DO ANO. OBSERVE ALGUNS EXEMPLOS A SEGUIR.

O MORANGO É UMA FRUTA QUE SE DESENVOLVE MELHOR EM LOCAIS ONDE FAZ MAIS FRIO EM ALGUNS MESES DO ANO. EM PARTE DO BRASIL, OS DIAS MAIS FRIOS OCORREM, PRINCIPALMENTE, ENTRE OS MESES DE JUNHO E SETEMBRO, ÉPOCA EM QUE O MORANGO É COLHIDO PARA SER COMERCIALIZADO.

Thomaz Vita Neto/Pulsar Imagens

Luciana Whitaker/Pulsar Imagens

TRABALHADOR COLHENDO MORANGOS EM PLANTAÇÃO NO MUNICÍPIO DE URÂNIA, NO ESTADO DE SÃO PAULO, EM 2016.

EM MUITOS LOCAIS DO BRASIL, A COLHEITA DA MEXERICA PONCÃ É REALIZADA ENTRE OS MESES DE JUNHO E SETEMBRO, QUANDO CHOVE MENOS.

Alf Ribeiro/Folhapress

Rubens Chaves/Pulsar Imagens

PLANTAÇÃO DE MEXERICAS NO MUNICÍPIO DE BELO VALE, NO ESTADO DE MINAS GERAIS, EM 2016.

O UMBU É UMA FRUTA TÍPICA DE ALGUNS ESTADOS DA REGIÃO NORDESTE DO BRASIL. É USADO PARA FAZER DOCES, GELEIAS, SORVETES E SUCOS. A ÁRVORE DO UMBU CHAMA-SE UMBUZEIRO. A COLHEITA DESSA FRUTA É FEITA ENTRE OS MESES DE JANEIRO E MAIO, QUANDO CHOVE UM POUCO MAIS EM DIVERSOS LOCAIS DESSA REGIÃO.

Gerson Sobreira/Terrastock

Fabio Colombini/Acervo do fotógrafo

UMBUZEIRO, NO PARQUE NACIONAL DA SERRA DA CAPIVARA, NO ESTADO DO PIAUÍ, EM 2015.

1 CONVERSE COM OS COLEGAS E O PROFESSOR SOBRE AS QUESTÕES A SEGUIR:

A) QUAIS FRUTAS, VERDURAS OU LEGUMES SÃO COMERCIALIZADOS EM DETERMINADAS ÉPOCAS DO ANO ONDE VOCÊ VIVE?

B) SERÁ QUE ISSO ESTÁ RELACIONADO COM PERÍODOS DE CHUVA, DE CALOR OU DE FRIO? POR QUÊ?

C) ONDE ESSES ALIMENTOS PODEM SER ADQUIRIDOS?

D) VOCÊ CONSOME ESSES ALIMENTOS? POR QUÊ?

A CHUVA

NAS PÁGINAS ANTERIORES, VOCÊ ESTUDOU QUE O PERÍODO DE COLHEITA DE ALGUNS ALIMENTOS ESTÁ RELACIONADO COM A OCORRÊNCIA OU NÃO DE CHUVAS.

LEIA
QUE TORÓ! DIA DE CHUVA

OBSERVE, AGORA, ESTAS FOTOGRAFIAS.

Mauro Zafalon/Folhapress

1 PLANTAÇÃO DE SOJA QUE SECOU POR FALTA DE CHUVAS, NO MUNICÍPIO DE SORRISO, NO ESTADO DE MATO GROSSO, EM 2015.

Fabio Colombini/Acervo do fotógrafo

2 PLANTAÇÃO DE SOJA QUE SE DESENVOLVEU NO PERÍODO DE CHUVAS NO MUNICÍPIO DE PARDINHO, NO ESTADO DE SÃO PAULO, EM 2017.

1 PENSANDO NAS CONDIÇÕES DO TEMPO, O QUE PREJUDICOU A PLANTAÇÃO DE SOJA NA FOTOGRAFIA 1?

☐ FALTA DE CHUVA ☐ PRESENÇA DE CHUVA

2 PENSANDO NAS CONDIÇÕES DO TEMPO, O QUE AJUDOU O CRESCIMENTO DAS PLANTAS NA FOTOGRAFIA 2?

☐ FALTA DE CHUVA ☐ PRESENÇA DE CHUVA

AS PLANTAS DEPENDEM DE ÁGUA PARA SE DESENVOLVER. AS CHUVAS SÃO IMPORTANTES PARA O CRESCIMENTO DELAS.

A CHUVA TAMBÉM ABASTECE DE ÁGUA OS RIOS E OS LAGOS. VOCÊ SABE COMO ISSO ACONTECE? DESCUBRA LENDO O POEMA A SEGUIR COM O PROFESSOR.

O PASSEIO DA GOTINHA

Hagaquezart Estúdio/Arquivo da editora

GOTINHA DE ÁGUA
DA NUVEM PULOU
VENTINHO BRINCANDO
PRA LONGE A LEVOU!

GOTINHA DE ÁGUA
NA TERRA CAIU
ESCORREU BEM LIGEIRO
E PRO RIO SEGUIU!

O SOL ESQUENTOU
TÃO LEVE FICOU
GOTINHA ENTÃO
PRA NUVEM VOLTOU!

ISABEL C. S. SOARES. **O PASSEIO DA GOTINHA**.
DISPONÍVEL EM: <www.soescola.com>.
ACESSO EM: MAR. 2018.

3 **NA FOTOGRAFIA AO LADO VEMOS UM TRECHO DO MUNICÍPIO DE CUNHA PORÃ DEPOIS DE UMA FORTE CHUVA. CIRCULE NO POEMA ACIMA O TRECHO QUE DESCREVE ESTA FOTOGRAFIA.**

Viviane Seben/Ascom Prefeitura de Cunha Porã

MUNICÍPIO DE CUNHA PORÃ, NO ESTADO DE SANTA CATARINA, EM 2015.

O CAMINHO DO MILHO ATÉ VOCÊ

VOCÊ SABIA QUE O MILHO É UM DOS ALIMENTOS MAIS CONSUMIDOS NO MUNDO? ALÉM DE **NUTRITIVO**, ELE É INGREDIENTE DE MUITAS RECEITAS. O MILHO É MUITO UTILIZADO NA ALIMENTAÇÃO DE ANIMAIS, COMO FRANGOS E VACAS.

NUTRITIVO: QUE TEM ELEMENTOS IMPORTANTES PARA A ALIMENTAÇÃO, COMO PROTEÍNAS E VITAMINAS.

ESPIGA DE MILHO

A LUZ E O CALOR DO SOL TAMBÉM SÃO IMPORTANTES PARA O DESENVOLVIMENTO DA PLANTA.

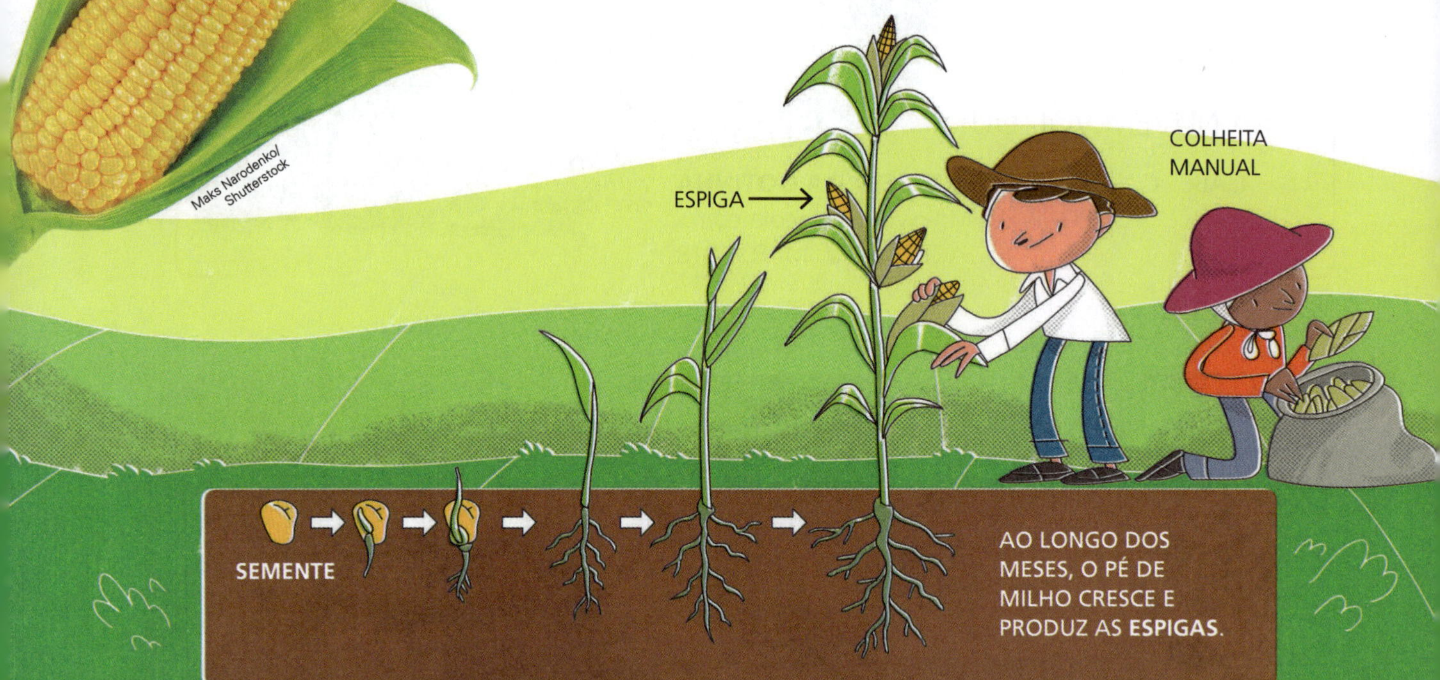

ILUSTRAÇÃO SEM ESCALA. ELABORADA PELOS AUTORES.

1 PLANTIO E DESENVOLVIMENTO DA PLANTA

O PLANTIO É FEITO QUANDO COMEÇA A ÉPOCA DAS CHUVAS, PORQUE A SEMENTE PRECISA DE ÁGUA PARA GERMINAR.

2 COLHEITA

A COLHEITA É FEITA APROXIMADAMENTE SEIS MESES DEPOIS DO PLANTIO. ELA PODE SER MANUAL OU REALIZADA COM A UTILIZAÇÃO DE MÁQUINAS.

1 ESCREVA NOS QUADROS AS ETAPAS DO CULTIVO DO MILHO NA ORDEM EM QUE ELAS ACONTECEM. UTILIZE AS PALAVRAS ABAIXO.

COLHEITA PLANTIO CRESCIMENTO

.... → .... → ....

2 EM SUA OPINIÃO, HÁ RELAÇÃO ENTRE O DESENVOLVIMENTO DO PÉ DE MILHO E OS RITMOS DA NATUREZA? QUAL?

3 QUE OUTROS PRATOS VOCÊ CONHECE QUE SÃO PREPARADOS COM O MILHO? VOCÊ E SEUS FAMILIARES COSTUMAM CONSUMI-LOS NO DIA A DIA?

COLHEITA FEITA COM A UTILIZAÇÃO DE MÁQUINAS.

Ilustração: Pedro Hamdan

VAMOS RETOMAR

1 **LIGUE AS ILUSTRAÇÕES DE VESTIMENTAS ÀS CONDIÇÕES DO TEMPO EM QUE DEVEM SER USADAS.**

GORRO

CAMISETA

CAPA DE CHUVA

Ilustrações: Hagaquezart Estúdio/Arquivo da editora

CALOR

FRIO

CHUVA

2 **OBSERVE A FOTOGRAFIA A SEGUIR.**

G. Evangelista/Opção Brasil Imagens

MENINO EMPINANDO PIPA NO MUNICÍPIO DE TURMALINA, NO ESTADO DE MINAS GERAIS, EM 2015.

- QUE ASPECTO DO TEMPO ESTUDADO NESTA UNIDADE PERMITE QUE A PIPA SUBA E FIQUE LÁ NO ALTO? ....

AUTOAVALIAÇÃO

VAMOS PENSAR SOBRE O QUE VOCÊ APRENDEU NESTA UNIDADE?
MARQUE COM **X** A OPÇÃO QUE MELHOR REPRESENTE SUA RESPOSTA A CADA PERGUNTA ABAIXO.

1. VOCÊ CONSEGUE OBSERVAR E DESCREVER VARIAÇÕES NAS CONDIÇÕES DO TEMPO ATMOSFÉRICO?			
2. VOCÊ CONSEGUE DESCREVER ATIVIDADES DE TRABALHO RELACIONADAS COM O DIA E A NOITE?			
3. VOCÊ CONSEGUE DESCREVER CARACTERÍSTICAS DE SEUS LUGARES DE VIVÊNCIA RELACIONADAS COM OS RITMOS DA NATUREZA?			
4. VOCÊ CONSEGUE RELACIONAR HÁBITOS ALIMENTARES E TIPOS DE ROUPA COM A MUDANÇA DO TEMPO NO DECORRER DO ANO?			

SUGESTÕES

PARA LER

- **DIA E NOITE**, DE MARY FRANÇA E ELIARDO FRANÇA. SÃO PAULO: ÁTICA, 2015.

  NESTE LIVRO, OS AUTORES FICAM EM DÚVIDA SE GOSTAM MAIS DO DIA OU DA NOITE. E VOCÊ, GOSTA MAIS DO DIA OU DA NOITE?

Reprodução/Editora Ática

- **O GRANDE RABANETE**, DE TATIANA BELINKY. SÃO PAULO: MODERNA, 2002.

  ALÉM DE SE REFERIR AO CRESCIMENTO DE UM VEGETAL – O RABANETE –, A NARRATIVA APRESENTA SITUAÇÕES QUE VALORIZAM A COOPERAÇÃO E A SOLIDARIEDADE.

Reprodução/Editora Moderna

- **QUE TORÓ! DIA DE CHUVA**, DE ADRIANO MESSIAS. SÃO PAULO: GAIVOTA, 2012.

  NESTE LIVRO, OS BRINQUEDOS SÃO OS PERSONAGENS, QUE, EM UM DIA DE CHUVA, TENTAM ENTENDER O QUE SÃO AS GOTAS QUE ENTRAM PELA JANELA E O BARULHO DOS TROVÕES. O QUE SERÁ QUE ELES DESCOBREM?

Reprodução/Editora Gaivota

BIBLIOGRAFIA

ALMANAQUE Brasil Socioambiental. São Paulo: ISA, 2008.

ALMEIDA, Rosângela Doin de. *Do desenho ao mapa:* iniciação cartográfica na escola. São Paulo: Contexto, 2001.

______; JULIASZ, Paula C. Strina. *Espaço e tempo na Educação Infantil*. São Paulo: Contexto, 2014.

______; PASSINI, Elza Y. *O espaço geográfico:* ensino e representação. São Paulo: Contexto, 2008.

ARANTES, Valéria Amorim (Org.). *Como desenvolver as competências na sala de aula*. Petrópolis: Vozes, 2001.

______. *Humor e alegria na educação*. São Paulo: Summus, 2006.

BRASIL. Ministério da Educação. *Base Nacional Comum Curricular*. Brasília, 2017. Disponível em: <http://basenacionalcomum.mec.gov.br/wp-content/uploads/2018/02/bncc-20dez-site.pdf>. Acesso em: mar. 2018.

CALLAI, Helena Copetti. *A formação do profissional de Geografia*. Ijuí: Ed. da Unijuí, 2003.

CARLOS, Ana Fani A. *A condição espacial*. São Paulo: Contexto, 2011.

CARVALHO, José Murilo de. *Cidadania no Brasil:* o longo caminho. Rio de Janeiro: Civilização Brasileira, 2002.

CASTELLAR, Sonia (Org.). *Educação geográfica:* teorias e práticas docentes. São Paulo: Contexto, 2005.

CASTROGIOVANNI, Antonio et al. *Geografia em sala de aula:* práticas e reflexões. São Paulo: Contexto, 2005.

CAVALCANTI, Lana de Souza. *Geografia, escola e construção do conhecimento*. Campinas: Papirus, 2011.

CORRÊA, Roberto Lobato; ROSENDAHL, Zeny (Org.). *Introdução à Geografia cultural*. São Paulo: Bertrand Brasil, 2003.

FUNARI, Pedro Paulo; PIÑON, Ana. *A temática indígena na escola*. São Paulo: Contexto, 2011.

IBGE. *Atlas geográfico escolar*. 7. ed. Rio de Janeiro: IBGE, 2016.

KAERCHER, André Nestor. *Desafios e utopias no ensino de Geografia*. Santa Cruz do Sul: Ed. da Unisc, 2007.

KIMURA, Shoto. *Geografia no Ensino Básico*. São Paulo: Contexto, 2011.

LEITE, Carlos; AWAD, Juliana di Cesare Marques. *Cidades sustentáveis, cidades inteligentes:* desenvolvimento sustentável num planeta urbano. Porto Alegre: Bookman, 2012.

MATTOS, Regiane Augusto. *História e cultura afro-brasileira*. São Paulo: Contexto, 2011.

MEIRELES, Mário. *Dinâmicas, gincanas e jogos*. São Paulo: Paulinas, 2011.

MENDONÇA, Francisco; DANNI-OLIVEIRA, Inês Moresco. *Climatologia:* noções básicas e climas do Brasil. São Paulo: Oficina de Textos, 2007.

NARVAES, Patrícia. *Dicionário ilustrado de meio ambiente*. São Caetano do Sul: Yendis, 2011.

PHILIPPI JR., Arlindo; FERNANDES, Valdir (Ed.). *Práticas da interdisciplinaridade no ensino e pesquisa*. Barueri: Manole, 2015.

REGO, Nelson; SUERTEGARAY, Dirce; HEIDRICH, Álvaro (Org.). *Geografia e educação:* geração de ambiências. Porto Alegre: Ed. da UFRGS, 2001.

ROSS, Jurandyr L. (Org.). *Geografia do Brasil*. 5. ed. São Paulo: Edusp, 2005.

LIGAMUNDO

GEOGRAFIA

ANSELMO LAZARO BRANCO
ANA PAULA PICCOLI

CADERNO DE ATIVIDADES

NOME: ____ TURMA: __________

ESCOLA: ____

1º ano

Ensino Fundamental • Anos Iniciais

Editora Saraiva

São Paulo – 1ª edição – 2018

Editora Saraiva

Direção geral: Guilherme Luz
Direção editorial: Luiz Tonolli e Renata Mascarenhas
Gestão de projeto editorial: Tatiany Renó
Gestão e coordenação de área: Wagner Nicaretta (ger.) e Brunna Paulussi (coord.)
Edição: Simone de Souza Poiani
Gerência de produção editorial: Ricardo de Gan Braga
Planejamento e controle de produção: Paula Godo, Roseli Said e Marcos Toledo
Revisão: Hélia de Jesus Gonsaga (ger.), Kátia Scaff Marques (coord.), Rosângela Muricy (coord.), Hires Heglan, Larissa Vazquez, Patrícia Travanca e Rita de Cássia C. Queiroz
Arte: Daniela Amaral (ger.), Claudio Faustino (coord.), Felipe Consales (edição de arte)
Diagramação: MRS Editorial
Iconografia: Sílvio Kligin (ger.), Denise Durand Kremer (coord.), Daniel Cymbalista e Iron Montovanello (pesquisa iconográfica)
Licenciamento de conteúdos de terceiros: Thiago Fontana (coord.), Luciana Sposito e Angra Marques (licenciamento de textos), Erika Ramires, Luciana Pedrosa Bierbauer, Luciana Cardoso e Claudia Rodrigues (Analistas Adm.)
Tratamento de imagem: Cesar Wolf, Fernanda Crevin
Ilustrações: Ilustra Cartoon
Design: Gláucia Correa Koller (ger.), Erika Tiemi Yamauchi Asato (capa e proj. gráfico) e Talita Guedes da Silva (capa)

Avenida das Nações Unidas, 7221, 1º andar, Setor A – Espaço 2 – Pinheiros – SP – CEP 05425-902
SAC 0800 011 7875
www.editorasaraiva.com.br

2022
Código da obra CL 800661
CAE 627963 (AL) / 627964 (PR)
1ª edição
8ª impressão

Impressão e acabamento Gráfica Elyon

Uma publicação SOMOS EDUCAÇÃO

APRESENTAÇÃO

ESTE É O SEU CADERNO DE ATIVIDADES.

NELE, VOCÊ VAI ENCONTRAR MAIS DESAFIOS PARA AJUDAR A AMPLIAR SEUS CONHECIMENTOS E OS CONTEÚDOS TRATADOS NO LIVRO.

BOM TRABALHO E VAMOS LÁ!

Ilustra Cartoon/Arquivo da editora

SUMÁRIO

Ilustra Cartoon/Arquivo da editora

COMO É BOM BRINCAR!

DIFERENTES BRINCADEIRAS

1 LEIA O TEXTO A SEGUIR.

VEM BRINCAR DE RODA
EM VOLTA DO SONHO
GIRAR
MIUDINHO
CORRE-CUTIA
PEGA-RATO
CIRANDINHA
[...]

DENISE ROCHAEL. **BRINCADEIRA DE RODA**.
SÃO PAULO: FORMATO, 2017. P. 4-6.

A) QUAL DAS BRINCADEIRAS CITADAS NO TEXTO VOCÊ CONHECE? ANOTE O NOME.

B) AGORA, DESENHE UMA DAS BRINCADEIRAS CITADAS. SE PREFERIR, FAÇA UMA COLAGEM.

2 EMBAIXO DE CADA PINTURA, ESCREVA O NOME DO BRINQUEDO OU DA BRINCADEIRA RETRATADA. VEJA DICAS NAS FICHAS.

BAFO | BAMBOLÊ | BOLA DE GUDE | PIPA

Ivan Cruz/Ludmila Guerra/Projeto Brincadeiras de Criança

Coleção particular/Projeto Fundação Portinari

Reprodução/Coleção Hamilton Mourão, Belo Horizonte, Minas Gerais

Ivan Cruz/Ludmila Guerra/Projeto Brincadeiras de Criança

REGRAS PARA BRINCAR

3 ESCREVA TRÊS REGRAS DA SUA BRINCADEIRA FAVORITA.

....

....

....

....

....

....

....

4 ESSA BRINCADEIRA PODE SER FEITA:

- [ ] EM GRUPO.
- [ ] SOZINHO.
- [ ] EM PRAÇAS, RUAS E PARQUES.
- [ ] APENAS DENTRO DE CASA.

5 PINTE APENAS AS FICHAS COM DICAS DE COMO BRINCAR DE PIPA COM SEGURANÇA PARA EVITAR ACIDENTES.

EMPINAR PIPA EM UMA RUA MOVIMENTADA.

SOLTAR PIPA SOMENTE EM LOCAL ABERTO, LONGE DA FIAÇÃO ELÉTRICA.

NÃO USAR CEROL (OU CORTANTE), POIS VOCÊ E OUTRAS PESSOAS PODEM SE FERIR.

NUNCA EMPINAR PIPA DE CIMA DE UMA LAJE OU DE UM TELHADO, POIS VOCÊ PODE CAIR E SE MACHUCAR.

ESTAMOS NA ESCOLA

NA SALA DE AULA

1 OBSERVE ESTA SALA DE AULA. DEPOIS, FAÇA O QUE SE PEDE.

Ilustra Cartoon/Arquivo da editora

A) ESCREVA SEU NOME NA CARTEIRA **VERMELHA**.

B) DESENHE UM LÁPIS EM CIMA DA CARTEIRA QUE ESTÁ À DIREITA DA SUA CARTEIRA.

C) DESENHE UMA BORRACHA EM CIMA DA CARTEIRA QUE ESTÁ À ESQUERDA DA SUA CARTEIRA.

D) ESCREVA O NOME DO SEU PROFESSOR NA LOUSA.

2 OBSERVE A ESTANTE ILUSTRADA ABAIXO. ELA CONTÉM OBJETOS QUE EXISTEM NA SALA DE AULA. ASSOCIE AS COLUNAS DE ACORDO COM A POSIÇÃO DE CADA OBJETO.

Ilustra Cartoon/Arquivo da editora

A) ESTOJO

B) RÉGUA

C) CAIXA DE LÁPIS DE COR

D) MOCHILA

( ) À DIREITA DA MOCHILA

( ) AO LADO DO GLOBO TERRESTRE

( ) ENTRE OS CADERNOS E A CARTOLINA

( ) À ESQUERDA DA BORRACHA

OUTRAS DEPENDÊNCIAS DA ESCOLA

3 **DESEMBARALHE AS LETRAS E DESCUBRA O NOME DE DEPENDÊNCIAS DA ESCOLA.**

NATICAN: ....

OIÁPT: ....

QAURDA ED SPEORSTE: ....

TEBIBLIOCA: ....

ALSA ED ALAU: ....

FEIRETÓRIO: ....

RALABORIOTÓ: ....

4 **EM QUAL DAS DEPENDÊNCIAS DA ESCOLA CITADAS NA ATIVIDADE ANTERIOR:**

A) OS ALUNOS PASSAM A MAIOR PARTE DO TEMPO?

....

B) OS ALUNOS COSTUMAM FAZER REFEIÇÕES?

....

C) SÃO REALIZADAS EXPERIÊNCIAS E ATIVIDADES PRÁTICAS?

....

D) OS ALUNOS PRATICAM ESPORTES?

....

E) HÁ LIVROS, REVISTAS, COMPUTADORES E OUTROS MATERIAIS PARA CONSULTA?

....

QUEM TRABALHA NA ESCOLA

5 EM QUE DEPENDÊNCIA DA ESCOLA CADA PESSOA TRABALHA? LIGUE AS COLUNAS.

Ilustrações: Ilustra Cartoon/Arquivo da editora

PROFESSOR

DIRETOR

MERENDEIRO

BIBLIOTECÁRIO

6 ESCREVA:

A) O NOME DO SEU PROFESSOR: ....

....

B) O NOME DO BIBLIOTECÁRIO DA ESCOLA: ....

....

C) O NOME DO DIRETOR DA ESCOLA: ....

....

ESCOLAS DIFERENTES

7 OBSERVE AS ESCOLAS DAS FOTOGRAFIAS A SEGUIR.

João Prudente/Pulsar Imagens

ESCOLA NO MUNICÍPIO DE RIO DE CONTAS, NO ESTADO DA BAHIA, EM 2016.

Du Zuppani/Pulsar Imagens

ESCOLA NO MUNICÍPIO DE TRIUNFO, NO ESTADO DE PERNAMBUCO, EM 2017.

- ASSINALE COM **X** A RESPOSTA CORRETA DE CADA QUESTÃO.

A) QUAL FOTOGRAFIA MOSTRA UMA ESCOLA COM POUCAS JANELAS?

☐ FOTOGRAFIA 1 ☐ FOTOGRAFIA 2

B) QUAL FOTOGRAFIA MOSTRA UMA ESCOLA COM DOIS ANDARES?

☐ FOTOGRAFIA 1 ☐ FOTOGRAFIA 2

O CONVÍVIO NA ESCOLA

8 **QUAIS PALAVRAS A SEGUIR ESTÃO RELACIONADAS AO BOM CONVÍVIO NA ESCOLA? PINTE AS FICHAS.**

BRIGA	COOPERAÇÃO	VIOLÊNCIA
GENTILEZA	IMPACIÊNCIA	
PACIÊNCIA	RESPEITO	

9 **COMPLETE AS REGRAS DE BOA CONVIVÊNCIA EM SALA DE AULA COM AS PALAVRAS DO QUADRO ABAIXO.**

PROFESSOR	COLEGAS	MATERIAL	
MÃO	LIVROS	SALA	CALMA

A) LEVANTAR A .... QUANDO DESEJA FALAR.

B) MANTER A .... DE AULA LIMPA.

C) CUIDAR DOS .... E DEMAIS MATERIAIS ESCOLARES.

D) RESPEITAR E AJUDAR OS ....

E) OUVIR AS EXPLICAÇÕES DO .... COM ATENÇÃO.

F) DEVOLVER O .... EMPRESTADO AO DONO.

G) SAIR COM .... DA SALA DE AULA QUANDO BATER O SINAL.

10 OBSERVE AS CENAS.

1

Ilustra Cartoon/Arquivo da editora

2

Ilustra Cartoon/Arquivo da editora

A) AS SITUAÇÕES REPRESENTADAS ACIMA MOSTRAM BOA CONVIVÊNCIA ENTRE AS CRIANÇAS? POR QUÊ?

....

....

B) VOCÊ JÁ PASSOU POR SITUAÇÕES PARECIDAS? COMO O PROBLEMA FOI RESOLVIDO?

....

....

11 **OBSERVE A CENA DAS CRIANÇAS NA BIBLIOTECA DA ESCOLA. DEPOIS, MARQUE X NAS RESPOSTAS CORRETAS.**

Ilustra Cartoon/Arquivo da editora

A) MATEUS ESTÁ À ESQUERDA OU À DIREITA DE SOFIA?

- [ ] À ESQUERDA
- [ ] À DIREITA

B) PEDRO ESTÁ ATRÁS OU NA FRENTE DE MARINA?

- [ ] ATRÁS
- [ ] NA FRENTE

C) MANUELA ESTÁ LONGE OU AO LADO DE VICENTE?

- [ ] LONGE
- [ ] AO LADO

ONDE MORAMOS

DIFERENTES MORADIAS

1 PROCURE, EM JORNAIS, REVISTAS OU NA INTERNET, A IMAGEM DE UMA MORADIA QUE VOCÊ ACHE INTERESSANTE E QUE SEJA DIFERENTE DA SUA. RECORTE E COLE A IMAGEM NO ESPAÇO ABAIXO.

A) QUAIS MATERIAIS FORAM USADOS NA CONSTRUÇÃO DESSA MORADIA?

B) ALGUM DESSES MATERIAIS TAMBÉM FOI USADO NA CONSTRUÇÃO DA SUA MORADIA? QUAL?

2 OBSERVE AS FOTOGRAFIAS A SEGUIR.

Daniel Cymbalista/Pulsar Imagens

MORADIA NO MUNICÍPIO DE BOTELHOS, NO ESTADO DE MINAS GERAIS, EM 2017.

Filipe Granado/Futura Press

MORADIA NO MUNICÍPIO DE EXTREMA, NO ESTADO DE MINAS GERAIS, EM 2016.

Luciana Whitaker/Pulsar Imagens

MORADIA NO MUNICÍPIO DE VITÓRIA DO XINGU, NO ESTADO DO PARÁ, EM 2017.

Rubens Chaves/Pulsar Imagens

MORADIA NO MUNICÍPIO DE JAQUIRANA, NO ESTADO DO RIO GRANDE DO SUL, EM 2016.

- QUE MATERIAL FOI USADO NAS PAREDES DE CADA MORADIA REPRESENTADA ACIMA? INDIQUE O NÚMERO DA FOTOGRAFIA.

☐ MADEIRA ☐ GARRAFA PET

☐ PEDRA ☐ TIJOLO

3 OBSERVE A PINTURA ABAIXO.

SEM TÍTULO, DE ALFREDO VOLPI, 1945-1950 (TÊMPERA SOBRE TELA, DE 46 cm × 64,8 cm).

A) AS MORADIAS RETRATADAS NESSA OBRA DE ARTE PARECEM ANTIGAS OU ATUAIS? POR QUÊ?

....

....

....

....

....

B) O QUE APARECE MAIS À FRENTE NA PINTURA?

....

C) E O QUE APARECE ATRÁS?

....

4 AGORA, VOCÊ É O ARTISTA. NO ESPAÇO A SEGUIR, FAÇA AS SEGUINTES ATIVIDADES:

A) DESENHE UMA RUA COM CASAS ANTIGAS.

B) ATRÁS DESSAS CASAS, DESENHE UMA RUA COM UM PRÉDIO.

C) NA FRENTE DAS CASAS, DESENHE UMA PRAÇA.

D) DESENHE OUTROS ELEMENTOS, COMO POSTES DE ILUMINAÇÃO, PLACAS DE RUAS E ÁRVORES.

E) ESCOLHA UMA DAS CONSTRUÇÕES E CIRCULE-A. DEPOIS, COM UM LÁPIS, TRACE O CAMINHO QUE VAI DA CONSTRUÇÃO QUE VOCÊ ESCOLHEU ATÉ A PRAÇA. ESCREVA O QUE VOCÊ OBSERVA NESSE TRAJETO.

ONDE EU DURMO

5 OBSERVE A PINTURA ABAIXO.

Imagno/Getty Images/Museu d'Orsay, Paris, França

QUARTO EM ARLES (TERCEIRA VERSÃO), DE VINCENT VAN GOGH, 1889 (ÓLEO SOBRE TELA, DE 57,5 cm × 74 cm).

A) QUE TONS DE CORES PREDOMINAM NA PINTURA?

B) O QUE EXISTE NO QUARTO DA PINTURA QUE NÃO EXISTE NO LUGAR ONDE VOCÊ DORME?

C) O QUE MAIS CHAMA SUA ATENÇÃO NESSA PINTURA? POR QUÊ?

6 OBSERVE NOVAMENTE A PINTURA DE VAN GOGH. DEPOIS, COMPLETE AS FRASES COM A PALAVRA E AS EXPRESSÕES DAS FICHAS.

À ESQUERDA	ATRÁS
EM CIMA	À DIREITA

A) AS CADEIRAS ESTÃO .... DA CAMA.

B) O JARRO E O COPO ESTÃO .... DA MESA.

C) HÁ UMA PORTA .... DA CADEIRA.

D) NA PAREDE, ... DA CAMA, VEMOS DOIS RETRATOS.

7 AGORA, COMPLETE O DESENHO PARA RECRIAR A OBRA **QUARTO EM ARLES**. NO SEU DESENHO, INCLUA OBJETOS E ELEMENTOS QUE EXISTEM NO LUGAR ONDE VOCÊ DORME.

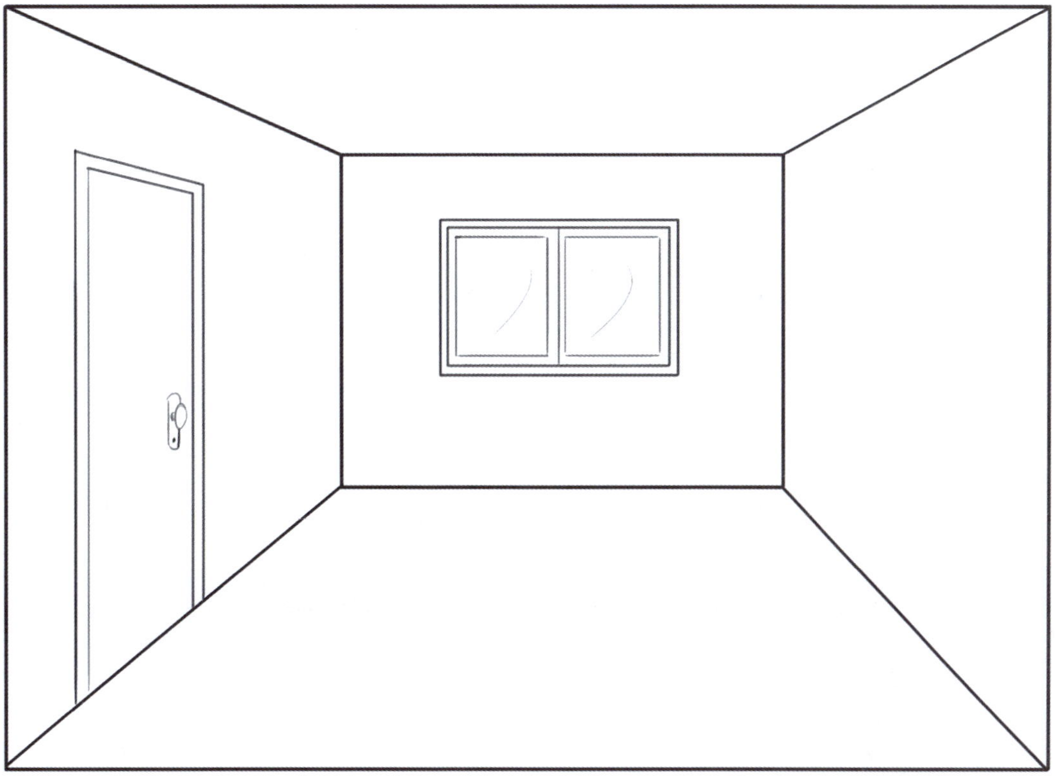

Ilustra Cartoon/Arquivo da editora

8 OBSERVE AS ILUSTRAÇÕES A SEGUIR. PINTE SOMENTE AQUELAS QUE MOSTRAM TAREFAS QUE VOCÊ COSTUMA REALIZAR PARA AJUDAR A MANTER SUA MORADIA LIMPA E ORGANIZADA.

Ilustrações: Ilustra Cartoon/Arquivo da editora

OS ARREDORES DE CASA E DA ESCOLA

9 ASSINALE AS FOTOGRAFIAS QUE MOSTRAM O QUE EXISTE NOS ARREDORES DA SUA MORADIA.

João Prudente/Pulsar Imagens

João Prudente/Pulsar Imagens

Marcos André/Opção Brasil Imagens

Nereu Jr./Pulsar Imagens

Rubens Chaves/Pulsar Imagens

Cesar Diniz/Pulsar Imagens

Rubens Chaves/Pulsar Imagens

Cesar Diniz/Pulsar Imagens

10 AJUDE LORENA A IR DE CASA ATÉ A ESCOLA. TRACE O CAMINHO COM LÁPIS COLORIDO.

Ilustra Cartoon/Arquivo da editora

11 POR QUAIS LOCAIS LORENA PASSOU AO PERCORRER O CAMINHO PARA A ESCOLA? MARQUE UM **X**.

- [ ] AÇOUGUE
- [ ] FARMÁCIA
- [ ] PADARIA
- [ ] MERCADO
- [ ] PRAÇA
- [ ] POSTO DE GASOLINA
- [ ] BANCA DE JORNAL
- [ ] FLORICULTURA

12 OBSERVE A OBRA DE ARTE A SEGUIR.

Reprodução/Rimaro/Coleção particular

O CAMINHO DA ESCOLA, DE RIMARO, 2003 (ACRÍLICA SOBRE TELA, DE 50 cm × 70 cm).

A) QUAL É O DESTINO DO CAMINHO REPRESENTADO NA OBRA?

....

B) COMO VOCÊ PÔDE CONCLUIR ISSO? ESCREVA **C** NA ALTERNATIVA CORRETA.

☐ PELO UNIFORME QUE AS PESSOAS ESTÃO VESTINDO, PELO MATERIAL QUE ESTÃO CARREGANDO E TAMBÉM PELO TÍTULO DA OBRA.

☐ PELOS ANIMAIS, PELA RUA DE TERRA E PELAS ÁRVORES QUE APARECEM NO CAMINHO.

C) O QUE HÁ NESSE CAMINHO? MARQUE UM **X**.

☐ MORADIAS ☐ ÁRVORES ☐ VEÍCULOS

☐ FÁBRICAS ☐ PRÉDIOS ☐ ANIMAIS

OS RITMOS DA NATUREZA E A VIDA DAS PESSOAS

O DIA E A NOITE

1 LEIA O TEXTO A SEGUIR E LIGUE OS VERSOS DESTACADOS ÀS ILUSTRAÇÕES CORRESPONDENTES. DEPOIS, PINTE AS ILUSTRAÇÕES COMO QUISER.

NÃO SEI SE GOSTO MAIS DO DIA.
NÃO SEI SE GOSTO MAIS DA NOITE.
DE DIA, EU POSSO BRINCAR.
MAS, DE NOITE, EU POSSO SONHAR.
DE DIA, EU POSSO BALANÇAR.
VOU ALTO, BEM ALTO, NO MEU BALANÇO.
[...]

MARY FRANÇA E ELIARDO FRANÇA. **DIA E NOITE**. SÃO PAULO: ÁTICA, 2015.

Ilustrações: Ilustra Cartoon/Arquivo da editora

2 E VOCÊ, GOSTA MAIS DO DIA OU DA NOITE? POR QUÊ?

TRABALHADORES DO DIA E DA NOITE

3 PESQUISE, EM JORNAIS, REVISTAS E NA INTERNET, UMA IMAGEM DE PESSOA TRABALHANDO DURANTE O DIA E UMA IMAGEM DE PESSOA TRABALHANDO DURANTE A NOITE. RECORTE E COLE NOS QUADROS ABAIXO.

DIA

NOITE

4 OBSERVE AS ILUSTRAÇÕES A SEGUIR.

1

2

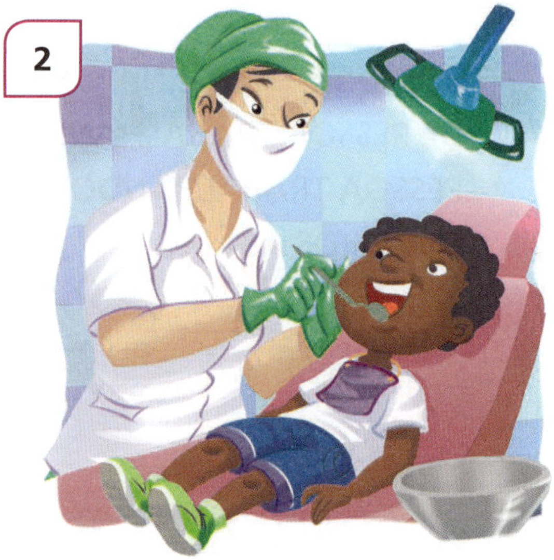

3

4

5

6

Ilustrações: Ilustra Cartoon/Arquivo da editora

A) ESCREVA O NÚMERO DA ILUSTRAÇÃO QUE CORRESPONDE A CADA PROFISSÃO.

- [ ] CONDUTORA DE METRÔ
- [ ] CARTEIRO
- [ ] DENTISTA
- [ ] OPERÁRIO
- [ ] CABELEIREIRO
- [ ] FEIRANTE

B) QUAIS ATIVIDADES MOSTRADAS NAS ILUSTRAÇÕES GERALMENTE SÃO REALIZADAS DE DIA? ESCREVA O NÚMERO DE CADA UMA DELAS.

....

....

....

C) ALGUÉM DA SUA FAMÍLIA EXERCE ALGUMA DAS PROFISSÕES CITADAS? QUEM? O QUE ESSA PESSOA FAZ?

....

....

....

D) LIGUE A DESCRIÇÃO DO TRABALHO AO NOME DO TRABALHADOR CORRESPONDENTE.

VENDE FRUTAS, LEGUMES, VERDURAS E OUTROS PRODUTOS.	DENTISTA
CUIDA DA SAÚDE BUCAL DAS PESSOAS.	FEIRANTE

AS DIFERENTES CONDIÇÕES DO TEMPO

5 OBSERVE AS FOTOGRAFIAS A SEGUIR.

1

EyeEm/Getty Images

CRIANÇAS NO MUNICÍPIO DE ARRAIAL DO CABO, NO ESTADO DO RIO DE JANEIRO, EM 2017.

2

Westend61/Getty Images

CRIANÇAS NA ESPANHA, EM 2014.

3

Riser/Getty Images

CRIANÇA NA ÍNDIA, EM 2010.

4

Mike Kemp/Getty Images

CRIANÇAS NOS ESTADOS UNIDOS, EM 2016.

- AGORA, ESCREVA O NÚMERO DA FOTOGRAFIA QUE COMBINA COM A DESCRIÇÃO.

☐ É NECESSÁRIO USAR BOTAS, LUVAS E ROUPA GROSSA PARA SE PROTEGER DO FRIO INTENSO.

☐ CALÇA COMPRIDA E BLUSA GROSSA SÃO O VESTUÁRIO DE DIAS FRIOS.

☐ EM DIAS DE CALOR, É MUITO BOM BRINCAR NA PRAIA.

☐ GUARDA-CHUVA E CAPA PROTEGEM NOS DIAS DE CHUVA.

6 COMO ESTÁ O TEMPO HOJE NO LUGAR ONDE VOCÊ MORA? E COMO ESTAVA ONTEM? FAÇA COLAGENS OU DESENHOS PARA MOSTRAR.

CONDIÇÕES DO TEMPO HOJE

CONDIÇÕES DO TEMPO ONTEM

OS ALIMENTOS E AS ÉPOCAS DO ANO

7. PEÇA A AJUDA DE UMA PESSOA QUE MORA COM VOCÊ PARA PESQUISAR IMAGENS DE FRUTAS, VERDURAS OU LEGUMES CONSUMIDOS NA SUA CASA. COLE AS IMAGENS AQUI.

- AGORA, ABAIXO OU AO LADO DE CADA IMAGEM QUE VOCÊ COLOU, ESCREVA:

  A) O NOME DE CADA VEGETAL;

  B) OS MESES DO ANO EM QUE ELE PODE SER ENCONTRADO MAIS FACILMENTE NO LUGAR ONDE VOCÊ VIVE.